Ines Bischoff, Manuela Frank

Wochenplanarbeit im inklusiven Unterricht

Wochenpläne Deutsch – Klasse 3

Lesen, Schreiben, Sprache: Inklusiver Unterricht mit handlungsorientierten Materialien

Persen
Persen Verlag

Die Autorinnen:

Ines Bischoff und **Manuela Frank** sind Grund- und Hauptschullehrerinnen in Pforzheim. Sie arbeiten als Lehrbeauftragte für das Fach Deutsch am Staatlichen Seminar für schulpraktische Ausbildung in Pforzheim und sind Referentinnen für Lehrerfortbildungen.

Gedruckt auf umweltbewusst gefertigtem, chlorfrei gebleichtem und alterungsbeständigem Papier.

1. Auflage 2014

Covergrafik: Anke Fröhlich
Grafik innen: Anke Fröhlich u. a. (siehe Grafikverzeichnis Seite 147)
Satz: Satzpunkt Ursula Ewert GmbH, Bayreuth

ISBN 978-3-403-23367-1

www.persen.de

Inhaltsverzeichnis

1. Einführung

1.1 Gründe für die Arbeit mit dem Wochenplan im (inklusiven) Unterricht

Jetzt auch noch Wochenpläne! Manche Kollegen stehen dieser Arbeitsform zunächst skeptisch gegenüber und befürchten einen hohen Arbeitsaufwand, dem nur wenig Lernerfolg der einzelnen Kinder gegenübersteht. Um Vorurteile abzubauen und Vorteile aufzuzeigen, möchte ich nachfolgend einige Argumente für die Arbeit mit Wochenplänen aufführen, aber auch Grenzen aufzeigen. Diese Form des Lernens kann zunächst als eine Variante der Vertiefung bestimmter Inhalte des Unterrichts verstanden werden, die versucht, mehr von den Bedürfnissen des einzelnen Kindes auszugehen. Auf die heutige Schulsituation übertragen, ermöglicht man einen gewissen Freiraum, in dem Sozialform, Arbeitsmaterial und -tempo in einem von der Lehrkraft vorgegebenen Rahmen ausgewählt werden. Den individuellen Interessen, Bedürfnissen sowie Fähigkeiten der SchülerInnen kann dadurch gezielter nachgegangen und Rechnung getragen werden. Gerade der inklusive Unterricht, in dem die Heterogenität als selbstverständliche Gegebenheit betrachtet wird, verlangt nach ebendiesen Öffnungsmöglichkeiten, die binnendifferenzierende Maßnahmen bis hin zur Individualisierung ermöglichen. Nachdem die vorhandenen Fähigkeiten und Kenntnisse im Rahmen einer Lernstandsdiagnose herausgefunden wurden, kann an die schon beherrschten Lernstrategien angeknüpft und ein individueller Förderplan bzw. Wochenplan erstellt werden (Blankovorlage auf CD).

Möglichkeiten der Wochenplanarbeit:

- **Individualisierung:** Jedes Kind kann sein Arbeitstempo, die Reihenfolge der Arbeiten und manchmal auch die Sozialform selbst wählen.
- **Qualitative und quantitative Differenzierung:** Die Lehrkraft kann die Aufgaben den Fähigkeiten der einzelnen Kinder anpassen. In diesem Buch werden deshalb viele Arbeitsblätter in zwei bis drei unterschiedlichen Niveaustufen angeboten. Dadurch ergeben sich die Möglichkeiten, Inhalte dem Leistungsstand des jeweiligen Schülers anzupassen und gezielt schwächere Kinder zu fördern bzw. stärkeren Kindern neue Anreize zu bieten. Zudem werden viele spielerische Übungen aufgeführt, die erfahrungsgemäß auch unsichere Kinder motivieren, sich mit der zu übenden Thematik auseinanderzusetzen. Neben den Pflichtaufgaben (Lesen, Schreiben, Sprache), die erledigt werden müssen, gibt es freiwillige Zusatzaufgaben, welche der unterschiedlichen Interessenlage oder dem variierenden Arbeitstempo der SchülerInnen Rechnung tragen sollen. Somit ermöglicht die Wochenplanarbeit die **Koordination und Organisation der Lernprozesse durch die Lehrkraft**.
- **Selbstorganisation:** Die Kinder lernen bewusst auszuwählen, sich zu organisieren und sich für ihre Arbeit selbst verantwortlich zu fühlen.
- **Kompetenzorientierung**
- **Förderung von Schlüsselqualifikationen**

Voraussetzungen und Grenzen der Wochenplanarbeit:

- Wochenplanarbeit erfordert eine **genaue Vorbereitung und Kontrolle**.
- Man benötigt genügend **Platz**, damit die Kinder ungestört an verschiedenen Aufgaben und in unterschiedlichen Sozialformen arbeiten können, ohne sich gegenseitig zu stören.
- Für Kinder mit großen Konzentrationsproblemen und/oder Defiziten im sozialen Bereich ist der **Rahmen manchmal zu weitmaschig**. Hier muss man die SchülerInnen gezielt anleiten bzw. ihnen Aufgaben zuweisen und deren Bearbeitung sehr zeitnah kontrollieren.
- Neue Unterrichtsinhalte bzw. komplexe Lerninhalte lassen sich manchmal besser in einem vom Lehrer geführten Unterricht vermitteln.

Fazit: Man sollte die Wochenplanarbeit nicht als konkurrierende oder als einzige, sondern als ergänzende Unterrichtsform ansehen. Dabei hängt das ideale „Mischungsverhältnis" von Schulumgebung, Klassengröße, Raum, Lerninhalten und den Fähigkeiten der einzelnen SchülerInnen der jeweiligen Klasse ab! **Im Rahmen der forcierten neuen Lernkultur der Kompetenzorientierung ist sie eine ideale Ergänzung zur Lernbegleitung der Kinder.** Die Arbeit mit Wochenplänen ermöglicht den SchülerInnen ein Lernen im eigenen

Tempo, nach individuellen Voraussetzungen, sie fördert Selbstständigkeit, sowie Eigenverantwortung, eröffnet weitere Fördermöglichkeiten und stärkt den Teamgeist.

1.2 Mögliche Wege der Ein- und Durchführung von Wochenplänen

Einführung

Die Wochenplanarbeit sollte in kleinen Schritten vorbereitet werden, denn von den Kindern teilweise selbstbestimmte Lernprozesse bedürfen bestimmter Voraussetzungen. In einem ersten Schritt kommt es darauf an, wichtige **Grundlagen** zu schaffen, welche ein selbstständiges Arbeiten der SchülerInnen erst ermöglichen, und die sie im Laufe der Zeit immer sicherer beherrschen sollten:

- Auswählen aus verschiedenen Angeboten
- Stilles, eigenständiges Arbeiten
- Sich Zeiten einteilen und vorausschauend planen können
- Sorgfältiger und genauer bzw. korrekter Umgang mit dem Material
- Lesen, Verstehen und Umsetzen von Arbeitsanweisungen
- Entwickeln eigener Lösungsstrategien
- Ausdauer und Durchhaltevermögen
- Verschiede Sozialformen wie Einzel-, Partner- und Gruppenarbeit
- Selbstkontrolle durchführen können
- Lerntheken bzw. Stationsarbeit als Hinführung zur Wochenplanarbeit
- Gemeinsame Regeln für die Wochenplanarbeit festlegen, z. B. Lautstärke, Sorgfalt, angefangene Arbeiten beenden, Selbstkontrolle, erledigte Arbeiten im Wochenplan eintragen, benutztes Material aufräumen …
- Gemeinsame Regeln für die Kontrolle festlegen, z. B. Habe ich alles erledigt, was ich machen wollte? Habe ich das Arbeitsblatt ordentlich geschrieben und vollständig ausgefüllt? Habe ich das Material ordentlich und vollständig an den richtigen Platz zurückgestellt?

Bei der Stationsarbeit lernen die Kinder an unterschiedlichen Lernstationen, wobei sie die Reihenfolge der Bearbeitung frei wählen können. Nachdem diese Arbeitsform mit den SchülerInnen eingeübt wurde, ist es nur noch ein kleiner Schritt zur Wochenplanarbeit, da sie jetzt den Kindern einfach als erweiterte Stationsarbeit erläutert werden kann, die über den Zeitraum von …. Tagen erledigt werden muss. Daraufhin folgt das Abklären der Pflichtaufgaben und der „freiwilligen Zusatzangebote“ und in der Regel zeigt sich, dass die Kinder ohne Probleme und größtenteils schon sehr selbstständig ihre Wochenplanaufgaben erledigen können. Erfahrungsgemäß erscheint es sinnvoll, den ersten Wochenplan noch mit einer überschaubaren Anzahl an Arbeitsaufträgen durchzuführen. Nach und nach kann man den Umfang der zu bearbeitenden Aufgaben dann erweitern.

Bei SchülerInnen mit sonderpädagogischem Förderbedarf ist darauf zu achten, dass diese oft mehr Zeit und Unterstützung benötigen. Aufgabenstellungen und Abläufe sollten genau besprochen und geübt werden, bis sichergestellt ist, dass sie richtig verstanden und verinnerlicht wurden.

Durchführung und Kontrolle

Ein wichtiger Punkt bei der Wochenplanarbeit ist die nachfolgende Kontrolle der bearbeiteten Aufgaben durch die Lehrkraft. Möglich wäre z. B. ein Kontrollblatt im Wochenplanhefter oder ein Plan, der für alle sichtbar im Klassenzimmer hängt (Blankovorlage auf CD). Die Kinder tragen darin ein, welche Arbeiten sie bereits erledigt haben. Der Plan wird auf DIN A3 kopiert und im Klassenzimmer aufgehängt. Somit sieht die Lehrkraft sehr schnell, wie weit die jeweiligen SchülerInnen bereits gekommen sind, und welche Kinder evtl. Aufgaben zugewiesen bekommen sollten oder zusätzliche Hilfe benötigen.

In vielen Klassen habe ich aber ohne dieses Kontrollblatt gearbeitet. Die SchülerInnen führten einen Wochenplanhefter, in welchem die aktuellen Arbeitsblätter und der jeweils gültige Plan zuoberst eingeheftet und die erledigten Aufgaben abgehakt wurden. Am Ende des Wochenplanzeitraumes (der bei Bedarf auch länger als eine Woche dauern kann) bekamen die Kinder die nicht erledigten Aufgaben als Hausaufgabe auf. Danach wurden die Hefter eingesammelt und kontrolliert.

Beispiel Wochenplan-Kontrollblatt für Schülerordner:

Vorlage auf CD

Wochenplan: Tiere im Winter

für ______________________ (Name) von ____________ (Datum) bis ____________ (Datum)

		erledigt ☑
Lesen 	Lesekarte Nr.: _____ _____	
	AB: Tiere im Winter	
	Leserätsel	
	Bild-/Textzuordnung zu Tieren im Winter	
	Leselotto	
Schreiben 	Steckbrief zum Eichhörnchen	
	Gedicht Nr.: _____	
	AB: Purzelwörter	
	AB: Finde die Fehler!	
	Text zum Eichhörnchen	
	Bildergeschichte	
Sprache 	AB: Gestern und heute	
	AB: Zugvögel	
	Stöpselkarte (Wortarten)	
	Angelspiel	
Zusatzaufgaben 	Computer	
	Bücher	
	Suchbild	
	Mandala	

Die Schwierigkeitsstufe der Arbeitsblätter und Materialien kann man die SchülerInnen frei wählen lassen. Alternativ kann die Lehrkraft gezielt entscheiden, welches Arbeitsblatt vom einzelnen Kind bearbeitet werden soll. In letzterem Fall bietet es sich an, entweder das entsprechende Differenzierungszeichen ☀, ★ oder ☾ auf den Wochenplanzettel des Kindes zu vermerken (ggf. auch verschiedene Differenzierungsstufen bei unterschiedlichen Aufgaben oder Bereichen), sodass es sich nur Arbeitsblätter in der entsprechenden Differenzierungsstufe nimmt. Eine andere Möglichkeit wäre, die Hefter zuvor einzusammeln und mit den jeweiligen

Arbeitsblättern zu bestücken. Insbesondere bei Kindern mit sonderpädagogischem Förderbedarf, die ihre eigenen Fähigkeiten noch nicht gut einschätzen können und/oder mehr Struktur brauchen, ist diese Vorgehensweise ratsam.

Der aktuelle Plan wird dann zuoberst eingeheftet, sodass die Kinder diesen gleich im Blick haben, und ihre erledigten Arbeiten abhaken bzw. die jeweilige Nummer eintragen können.

1.3 Methodische Unterstützungsmaßnahmen für Schüler mit sonderpädagogischem Förderbedarf

SchülerInnen mit sonderpädagogischem Förderbedarf benötigen und haben auch das Recht auf zusätzliche Unterstützung. Diese kann häufig schon mit einfachen Mitteln angeboten werden. Welches Fördermaterial jeweils geeignet ist, muss individuell je nach Fähigkeit und Bedürfnis des Kindes entschieden werden. Mögliche Hilfsmittel können z. B. eine Anlauttabelle, Wörterlisten oder themenbezogene Materialien (wie z. B. beim Thema Wortarten eine Wortarten-Übersicht am Platz) sein. Schon die Wahl einer größeren Schriftgröße und/oder die Silbenschreibweise hilft einigen SchülerInnen dabei, Wörter und Texte leichter zu erlesen.

Sollten SchülerInnen mit geistiger Behinderung die Klasse/Lerngruppe besuchen, müssen die Vorlagen wahrscheinlich noch weiter vereinfacht werden.

2. Die Wochenpläne

2.1 Erläuterungen zu den Arbeitsblättern und Materialien

Die drei enthaltenen Wochenpläne **Zur Zeit der Dinosaurier**, **Wörterdetektive** und **Das Vamperl** steigen vom Anforderungsniveau her an. Es empfiehlt sich daher, die Wochenpläne in der dargebotenen Reihenfolge durchzuführen: **Zur Zeit der Dinosaurier** im ersten Halbjahr der 3. Klasse, **Wörterdetektive** um den Jahreswechsel herum und **Das Vamperl** in der zweiten Schuljahreshälfte.

Die Arbeitsblätter und Materialien werden z. T. in zwei bis drei Niveaustufen angeboten, um auf die unterschiedlichen Leistungsstände der SchülerInnen eingehen zu können. Bei Angeboten mit dem Stern handelt es sich um die einfachere Variante, das Angebot mit dem Mond ist ausführlicher oder enthält mehr Schwierigkeiten. Aufgaben für SchulerInnen mit erhöhtem Förderbedarf sind mit der Sonne gekennzeichnet. Teilweise können diese SchülerInnen aber auch Aufgaben mit dem Stern lösen, wenn sie geeignete Hilfen an die Hand bekommen (siehe Seite 7).

AB

Arbeitsblätter (AB):
Zur Selbstkontrolle ist auf der beiliegenden CD zu jedem Arbeitsblatt ein **Lösungsblatt** bereitgestellt. Die Lösungsblätter können im Unterricht beispielsweise von den Schülern in einem extra ausliegenden Lösungsordner eingesehen werden.

M

Materialien (M):
Bei den angebotenen Materialien wurde auf wiederkehrende Formate geachtet, um den Kindern die Arbeit durch bereits bekannte Aufgabenstellungen zu erleichtern.
Auch hier werden zum Teil Differenzierungsstufen angeboten. Viele Materialien können jedoch von allen Kindern genutzt werden, da sie die Möglichkeit zur natürlichen Differenzierung und/oder zur Partnerarbeit bieten. Sollte keine passende Schwierigkeitsstufe für bestimmte SchülerInnen vorhanden sein, sind auf der beiliegenden CD individuell anpassbare **Blankovorlagen** zu finden. Ebenfalls auf der CD zu finden sind **Schüler-Arbeitsanweisungen** zu den einzelnen Materialien. Diese können ausgedruckt und foliert mit dem entsprechenden Material bereitgelegt werden.
Im Folgenden wird die Herstellung und Handhabung der einzelnen Materialien erklärt.

Alle Materialien von A–Z:

Abschreibkarten

Vorbereitung: Die Karten werden auf Pappe kopiert, ausgeschnitten und bestenfalls foliert.
Durchführung: Die Kinder prägen sich Teile des Textes ein und schreiben ihn auswendig auf.

Angelspiel

Vorbereitung: Ein Angelspiel kann leicht selbst aus einem Schuhkarton gebastelt werden oder ist günstig auf Kinderflohmärkten zu erwerben, falls man sich kein neues Spiel zulegen möchte. Die Fische und Schuhe werden laminiert, ausgeschnitten und mit einer Büroklammer versehen. Dadurch können die Kinder sie mit ihrer magnetischen Angel (z. B. ein Holzstab mit Schnur und kleinem Magneten) aus dem „Teich" hervorziehen.
Durchführung: Die Kinder angeln abwechselnd nach den Fischen und sortieren sie in beschriftete „Eimer" (z. B. Joghurtbecher, auf denen die entsprechenden Wortfelder gehen, sehen und lachen stehen). Die Schuhe sind die Nieten.

Domino

Vorbereitung: Die Dominokarten werden auf Pappe kopiert, laminiert und einzeln ausgeschnitten. Die Karten des Wörterdetektive-Dominos sollten auf der Rückseite für die Selbstkontrolle in der richtigen Reihenfolge nummeriert werden.
Durchführung: Die SchülerInnen beginnen das Domino-Abc mit der Start-Karte bzw. beim Wörterdetektive-Domino mit einer beliebigen Karte und legen jeweils an die rechte Seite die passende nächste Karte an.

2. Die Wochenpläne

Erzählkarten

Vorbereitung: Die Erzählkarten sollten in drei unterschiedlichen Farben kopiert werden. Danach können sie foliert und ausgeschnitten werden. Zudem benötigt man drei kleine Schachteln, in welchen die Karten aufbewahrt werden.

Durchführung: Die Kinder arbeiten zu zweit oder in Kleingruppen. Jedes Kind sucht sich aus den drei Schachteln jeweils eine Karte aus. Passend zu den Karten erzählt es den anderen eine Geschichte.

Fledermausnotiztafel

Vorbereitung: Tafelfolie, Bast/Schnur, Kreide und kleine Schwammstücke bereitlegen.

Durchführung: Die Vorlage wird auf dunkles Tonpapier (grau, braun, schwarz) kopiert, sodass die Kinder die Umrisse der Fledermaus einfach ausschneiden können. Sie kann aber auch auf Pappe kopiert, foliert und ausgeschnitten werden. Dann ist sie als Schablone einsetzbar. Nimmt man schwarzes Tonpapier, sollte der Bauch mit einem weißen Stift dick umrandet werden. In die Flügel wird mit dem Locher jeweils ein Loch gestanzt. Daran werden Kreide bzw. ein Stückchen Schwamm mit Bast oder Schnur befestigt.

Geschichten aus der Streichholzschachtel

Vorbereitung: Die Bilder werden auf eine leere Streichholzschachtel geklebt. In die Schachtel kommen die folierten Wortstreifen. Sollten keine Streichholzschachteln zur Verfügung stehen, können die Bilder auch auf einen Umschlag geklebt und die Wortstreifen in den Umschlag gelegt werden. Die Schachteln üben auf die Kinder aber einen größeren Reiz aus.

Durchführung: Die Kinder suchen sich eine Streichholzschachtel aus und schreiben passend zum Bild eine Geschichte. Die Hinweise auf den Wortstreifen dienen als Hilfen beim Schreiben.

Geschichtenkreisel

Vorbereitung: Die Kreisel kopieren und ausschneiden. Danach falten und an den grauen Flächen zusammenkleben. In der Mitte einen Bleistift durchstechen.

Durchführung: Die Kinder können allein, mit einem Partner oder auch in Kleingruppen mit den Kreiseln arbeiten. Spielt ein Kind allein, darf es eine vorher festgelegte Anzahl den Kreisel drehen. Mit den angezeigten Wörtern soll es sich eine Geschichte ausdenken und diese aufschreiben. Wird zu zweit oder in Kleingruppen gespielt, drehen die Kinder abwechselnd. Ein Kind beginnt und denkt sich mit seinem angezeigten Wort einen Satz aus. Danach dreht ein anderes Kind, das sich ebenfalls mit seinem Wort einen Satz ausdenkt. Dieser Satz muss aber zum ersten passen. Nacheinander entsteht so eine Geschichte.

Geschichtenwürfel

Vorbereitung: Die Würfel auf Pappe kopieren, ausschneiden, falten und zusammenkleben.

Durchführung: Mit dem Geschichtenwürfel wird nach demselben Prinzip wie mit dem Geschichtenkreisel gearbeitet.

Klammerkarten

Vorbereitung: Auf den Kopiervorlagen sollten zunächst die dargestellten Klammern und Klammerfelder in den gewünschten Farben (z. B. Rot = nein und Grün = ja) ausgemalt werden. Danach wird die Karte ausgeschnitten, die richtigen Antworten durch die entsprechende Farbe markiert und der Randstreifen auf die Rückseite umgeklappt. Nun die Karte folieren, Klammern bereitlegen, dann ist das Material einsatzbereit.

Durchführung: Die SchülerInnen markieren die Aussagen auf der Karte mit den entsprechend farbigen Klammern.

Lernscheiben

Vorbereitung: Zuerst die Hülle ausschneiden und an der Markierung lochen. Nun die Hülle zusammenklappen, die gelochte Lernscheibe einlegen und mit einer Musterklammer verschließen.

Durchführung: Die Kinder können die Lernscheibe in Einzel- oder Partnerarbeit bearbeiten. Die Aufgabenstellung/das Wort steht in der Lücke auf der Vorderseite, auf der Rückseite wird die Kontrolle durch die dort lesbare Lösung ermöglicht.

2. Die Wochenpläne

Lesefächer

Im Rahmen dieser Leseübung sollen Buchstaben so sortiert werden, dass sich das durch ein Bild dargestellte Wort ergibt.

Vorbereitung: Zunächst werden die Streifen der Kopiervorlage foliert, auseinandergeschnitten und dann am unteren Ende gelocht. Danach verbindet man die einzelnen Streifen in geänderter Reihenfolge mit einer Musterklammer (wie Purzelwörter).

Zur Kontrolle werden auf der Rückseite die Streifen mit einem nicht wasserlöslichen Folienstift in der richtigen Reihenfolge nummeriert. Bei gleichen Buchstaben werden auf die einzelnen Streifen beide möglichen Zahlen geschrieben.

Durchführung: Die Kinder versuchen, die Buchstaben in die richtige Reihenfolge zu bringen. Ist das Wort fertig, wird der Fächer zur Kontrolle umgedreht. Die richtige Reihenfolge der Zahlen zeigt nun an, ob korrekt gearbeitet wurde.

Lesekarten

Vorbereitung: Die Vorder- und Rückseiten der Karten werden auf Pappe kopiert und ausgeschnitten. Es bietet sich an, die Karten zu laminieren.

Durchführung: Die Kinder wählen aus den angebotenen Karten zwei aus und lesen diese zunächst still. Danach suchen sie sich einen Partner, dem sie die zuvor geübten Texte vorlesen. Die Karten beinhalten unterschiedlich lange Texte und wurden teilweise in der Silbenmethode verfasst. Dadurch können sie an den jeweiligen Lesestand des Kindes anknüpfen. Im Anschluss sollen auf der Kartenrückseite Aufgaben erledigt werden.

Leselotto

Vorbereitung: Die Leselotto-Tafel, die Bildkarten und die Hinweise werden foliert. Die Bildkarten werden einzeln ausgeschnitten.

Durchführung: Hier sollen die Kinder die leere Leselotto-Tafel – den Hinweisen folgend – mit Bildern auslegen. Die Kontrolle erfolgt im Anschluss durch ein angebotenes Lösungsblatt.

Lesen und zuordnen (für die Setzleiste)

Bei den Setzleisten handelt es sich um Holzleisten mit zwei Rillen, in welche die zu bearbeitenden Karten gesteckt werden. Dadurch ist das angebotene Lösungszeichen für die Kinder nicht mehr sichtbar. Die Setzleisten können im Fachhandel gekauft oder im Werkunterricht einfach selbst hergestellt werden.

Vorbereitung: Die Karten werden foliert und einzeln ausgeschnitten.

Durchführung: Zunächst werden alle Bildkarten in die hintere Rille der Leiste gesteckt, danach sollen die SchülerInnen die passenden Textkarten in die vordere Rille sortieren. Wenn alle Karten eingeordnet sind, erfolgt die Selbstkontrolle durch die in der Vertiefung verschwundenen Lösungszeichen. Das Kind hat „richtig" zugeordnet, wenn sich beim Herausziehen der Bild- und Textkarte zeigt, dass beide das gleiche Lösungszeichen haben.

Lesen und zuordnen (ohne Setzleiste)

Wenn Sie keine Setzleiste zur Verfügung haben oder kaufen möchten, klappen Sie die Lösungszeichen vor dem Laminieren einfach nach hinten. So können Bild- und Textkarten einfach auf dem Tisch nebeneinander sortiert werden. Die Kontrolle kann durch ein einfaches Lösungsblatt (Kopie der Vorlage) erfolgen, das nach erledigter Arbeit zur Einsicht angeboten wird, oder durch eine Markierung der folierten Karten auf der Rückseite. Diese dürfen dann am Ende der Arbeit zur Kontrolle umgedreht werden.

Leseröllchen

Bei diesem Lesematerial entsteht die Hauptmotivation durch das Geheimnisvolle. Was befindet sich für eine Information in meinem Ei bzw. meiner Leserolle?

Vorbereitung: Die Streifen der Kopiervorlage werden zunächst auseinandergeschnitten. Danach rollt man einen Streifen in die gelben Hüllen von Überraschungseiern. (Diese kann man zuvor von den Eltern bzw. Kindern sammeln lassen).

Durchführung: Die gelben Plastikeier werden in einen Korb gelegt. Die SchülerInnen können sich im Rahmen der Wochenplanarbeit ein Ei aussuchen und kleben den darin gefundenen Textstreifen auf ein leeres, gelochtes Blatt. Danach wird ein Bild, entsprechend den Textvorgaben, gemalt. Für schwächere Kinder besteht die Möglichkeit, einen zu langen Text wieder zurückzulegen und ein neues Ei zu nehmen. Stärkere Kinder können auch mehrere Eier bearbeiten. Möchte man keine Hüllen aus Plastik verwenden, kann man die einzelnen Textstreifen einfach aufrollen, mit einem Faden zusammenbinden und danach beispielsweise in eine Schatzkiste legen.

Lesespiel

Vorbereitung: Die Karten werden kopiert und ausgeschnitten. Die Kartenrückseiten werden in der vorgegebenen Reihenfolge nummeriert. Bestenfalls werden die Karten foliert.
Durchführung: Danach werden sie an die einzelnen Mitspieler verteilt (so lange, bis keine Karte mehr übrig bleibt). Die angegebenen Aufträge müssen in der richtigen Reihenfolge ausgeführt werden. Die Startkarte ist fett gedruckt.
Das Spiel sollte zunächst einmal mit der ganzen Klasse durchgeführt werden, damit den Kindern klar wird, wie es ablaufen soll. Anschließend kann es in Kleingruppen auch in der Freiarbeit gespielt werden.

Stöpselkarten

Vorbereitung: Auf der Kopiervorlage müssen zunächst die richtigen Antworten auf der Rückseite durch einen Kreis markiert werden. Nachdem die Karte foliert und ausgeschnitten wurde, müssen nur noch die Löcher für die Stöpsel durchgestochen werden.
Durchführung: Die Kinder sollen nun in jeder Zeile die Antwort mit einem Stöpsel in der richtigen Spalte markieren.

Treppendomino

Vorbereitung: Die Vierecke mit dem Wortmaterial sollten foliert und einzeln ausgeschnitten werden.
Durchführung: Dieses Arbeitsmaterial funktioniert nach dem Prinzip des Dominospiels, das den Kindern in der Regel bekannt ist. Die Selbstkontrolle ergibt sich hier durch die abgebildete Form, wenn alle Karten richtig angelegt wurden.

Wörtermemo

Vorbereitung: Die Wortkarten werden kopiert, foliert und ausgeschnitten.
Durchführung: Dieses Arbeitsmaterial funktioniert nach dem Prinzip des Memospiels, das den Kindern in der Regel bekannt ist.

Diktatübungsformen:

Alle angebotenen Diktatformen fördern die Selbstständigkeit und ermöglichen eine Selbstkontrolle. Zudem können sie dem individuellen Leistungsstand der SchülerInnen angepasst werden.

Blitzdiktat

Vorbereitung: Die Wortkarten werden kopiert, foliert und ausgeschnitten.
Durchführung: Die Kinder arbeiten zu zweit. Ein Kind zeigt etwa 2 Sekunden eine Wortkarte hoch. Das andere Kind muss das gezeigte Wort aufschreiben. Wenn es damit fertig ist, wird das nächste Wort gezeigt. Zum Schluss vergleichen die Kinder gemeinsam den Aufschrieb. Dann werden die Rollen getauscht.

Dosendiktat

Vorbereitung: Für die Durchführung wird eine leere Dose oder ein Briefumschlag benötigt.
Durchführung: Hier handelt es sich um eine Form des Eigendiktats. Die SchülerInnen erhalten eine Vorlage, auf der die Sätze des Diktats in Abschnitten aufgeführt werden. Die Kinder schneiden die einzelnen Streifen aus, setzen den Text zusammen, prägen sich Teile ein, stecken dann die „gelernten“ Satzstreifen in die Dose

(oder einen Briefumschlag) und schreiben den Text auswendig auf. Wenn alle Streifen in der Dose (im Umschlag) sind, wird diese geleert und der eigene Aufschrieb mit dem Originaltext verglichen. Die Streifen können danach eingeklebt werden. Diese Diktatform bietet in sich Möglichkeiten der Differenzierung, denn sie kann dem individuellen Leistungsniveau durch die Anzahl der zu bearbeitenden Streifen angepasst werden.

Knickdiktat

Vorbereitung: Die Diktatvorlage sollte auf etwas festeres Papier kopiert werden.
Durchführung: Die Kinder prägen sich eine Zeile ein, knicken das Gelesene um und schreiben den Satz aus dem Gedächtnis auf. Genauso verfahren sie mit der zweiten Zeile. Dies geschieht so lange, bis der komplette Diktattext aufgeschrieben wurde.
Am Ende – oder nach jeder Zeile des Knickdiktates – wird das Blatt aufgefaltet und die SchülerInnen können selbst überprüfen, ob sie beim Aufschreiben Fehler gemacht haben.

Laufdiktat

Vorbereitung: Die Diktattexte werden einzeln ausgeschnitten, foliert und in der Klasse gut verteilt.
Durchführung: Die SchülerInnen gehen (schleichen) zur Vorlage, prägen sich Teile des Textes ein, laufen zu ihrem Arbeitsplatz zurück und schreiben den Text dort auswendig auf.
Beim Laufdiktat wird besonders das „Merken" bzw. das „Lernen in Bewegung" durch den Weg zwischen Vorlage und dem eigenen Aufschrieb unterstützt.

Lupendiktat

Vorbereitung: Es muss eine Lupe bereitgestellt werden.
Durchführung: Bei dieser Diktatform wird der Diktattext in einer sehr kleinen Schriftart angeboten. Die Kinder sollen nun den Text Satz für Satz mithilfe einer Lupe erlesen und danach das Gelesene auswendig aufschreiben.

Partnerdiktat

Vorbereitung: Die Diktate in Dinosaurierform werden in verschiedenen Farben kopiert und danach laminiert.
Durchführung: Die Kinder suchen sich ein Dinodiktat ihrer Wahl aus, lesen den Text durch und lassen ihn sich danach von einem Partner diktieren. Nach der Kontrolle zeigen sie den aufgeschriebenen Text (er soll zuvor kontrolliert bzw. verbessert werden) der Lehrkraft. Wenn alle Wörter korrekt geschrieben bzw. verbessert wurden, darf sich das Kind eine Belohnung (z. B. ein Weingummi in Dinoform) in der Farbe des Diktates abholen. Dies steigert den Anreiz, sich nicht nur einen Dino diktieren zu lassen, sondern evtl. mehrere. Tipp: Da die roten Weingummis sehr beliebt sind, bietet es sich an, den umfangreichsten Text auf ein rotes Papier zu kopieren. Anstatt Weingummis kann auch Obst etc. angeboten werden. In den leeren Dino können schnelle Kinder selbst ausgedachte Diktat-Sätze/Wörter schreiben.

Schiebediktat

Vorbereitung: Zur Herstellung des Diktatschiebers muss die angebotene Schieber-Vorderseite sowie ein weiteres DIN-A4-Blatt (für die Rückseite) laminiert werden. Das markierte Sichtfenster der Vorlage wird ausgeschnitten, Vorder- und Rückseite werden mit Klebeband seitlich zusammengeklebt. Oben und unten bitte nicht zukleben! Jetzt kann das Blatt mit der jeweiligen Textvorlage eingeschoben werden. Im Sichtfenster erscheint dann der zu schreibende Text.
Durchführung: Die Kinder stecken ihren Diktattext in die Hülle und lesen die erste sichtbare Zeile genau. Sobald sie sicher sind, ziehen sie das Deckblatt so weit heraus, bis die nächste leere Zeile erscheint, auf der sie das zuvor Gelesene aufschreiben. Im Anschluss wird die Schreibung selbst kontrolliert.

Würfeldiktat

Vorbereitung: Die Diktatvorlage wird laminiert. Es müssen Würfel und Schreibblätter bereitgelegt werden.
Durchführung: Auf der Kopiervorlage werden verschiedene Sätze angeboten, die mit einer Zahl verbunden sind. Die Kinder sollen nun abwechselnd mit zwei Würfeln werfen und die Augenzahl zusammenzählen. Der unter der entsprechenden Zahl aufgeführte Satz soll danach abgeschrieben oder diktiert werden.

Zur Zeit der Dinosaurier

Inhalt

Bereich	Aufgabe	Schwierigkeit	Seite
Lesen 	Lesekarten Nr. 1–8	3, 2, 1	15–22
	AB: Der Tyrannosaurus Rex	3, 2	23–24
	AB: Satzstreifen ordnen	3, 2, 1	25–27
	Leselotto	3/2	28–30
	Lesen und zuordnen	3/2, 1	31–34
Schreiben 	Diktat (Partner-/Laufdiktat)	3/2, 1	35–39
	AB: Meine Dinosauriergeschichte (Streichholzschachtel-Geschichte / Geschichte nach Rezept / Bildgeschichte)	3, 2, 1	40–46
	AB: Dinogedicht (Rondell/Bildgedicht/Wortkette)	3, 2, 1	47–49
	AB: Wörterspiel	3/2	50
	AB: Purzelwörter	3/2	51
Sprache 	AB: Die Dinosaurier und die Wortarten	3, 2, 1	52–54
	AB: Der Großschreibung auf der Spur	3, 2, 1	55–57
	Stöpselkarten (Wortarten)	3, 2, 1	58–60
	Treppendomino (Nomen/Adjektiv)	2	61
Zusatzaufgaben 	AB: Dinosuchsel	2/1	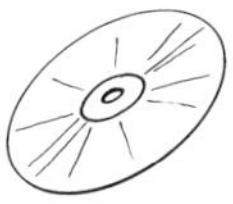
	AB: Dinobild	1	
	Lesefächer	3/2/1	
	Klammerkarten	3, 2, 1	
	Diktat (Schiebediktat)	1	
	Domino (Nomen/Adjektiv)	2	
	AB: Suchspiel (Wortarten)	3/2	
	Erzählkarten	3/2	
	Lernscheiben (Wortarten)	3/2	

Differenzierungen:

Schwierigkeitsstufe 3 = Mond 

Schwierigkeitsstufe 2 = Stern 

Schwierigkeitsstufe 1 = Sonne 

Wochenplan: Zur Zeit der Dinosaurier

für ______________________________ von ______________ bis ______________
(Name) (Datum) (Datum)

		erledigt ☑
Lesen 	Lesekarten Nr.: _____ _____	
	AB: Der Tyrannosaurus Rex	
	AB: Satzstreifen ordnen	
	Leselotto	
	Lesen und zuordnen	

Schreiben 	Diktat	
	AB: Meine Dinosauriergeschichte	
	AB: Dinogedicht	
	AB: Wörterspiel	
	AB: Purzelwörter	

Sprache 	AB: Die Dinosaurier und die Wortarten	
	AB: Der Großschreibung auf der Spur	
	Stöpselkarte	
	Treppendomino	

Zusatzaufgaben 	AB: Dinosuchsel	
	AB: Mein Dinobild	
	Lesefächer	
	Klammerkarte	
	Diktat	
	Domino	
	AB: Suchspiel	
	Erzählkarten	
	Lernscheibe	

Rekorde bei den Dinos

1

Der Seismosaurus war der längste, bekannte Dinosaurier. Er wurde bis zu 40 Meter lang und war damit länger als die im Meer lebenden Blauwale.
Als größter Flugsaurier gilt der Quetzalcoatlus. Wenn er seine Flügel ausbreitete, erreichte er eine Größe von bis zu 13 Metern. Die heutigen Sportflugzeuge haben ungefähr eine ähnliche Größe.
Knochenfunde aus Amerika und Kanada legen nahe, dass der Parasaurolophus vermutlich den größten Knochenkamm aller Dinosaurierarten hatte. Die Funktion dieses Knochenkammes ist noch nicht sicher geklärt. Wahrscheinlich konnte der Dinosaurier damit Laute von sich geben.
Die Sauropoden gehörten zu den größten Saurierarten. Ein bekannter Vertreter dieser Art war der Argentinosaurus, der bis zu 40 Meter lang und 100 Tonnen schwer werden konnte. Das ist das Gewicht einer ganzen Elefantenherde! Manche Arten waren über 20 Meter hoch, erreichten also die Größe eines Hochhauses!

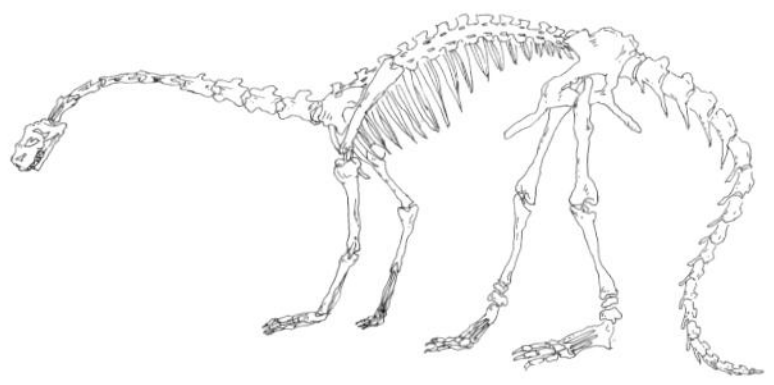

Der Tyrannosaurus Rex

2

Diese Dinosaurierart gehörte zu den größten Raubdinosauriern und war während der Kreidezeit im Norden von Amerika weit verbreitet. Das weiß man, da dort die meisten Fossilien dieser Art gefunden wurden. Er konnte 12 bis 15 Meter lang und 4 Meter hoch werden. Auffallend war sein massiger Schädel, welcher durch einen langen, schweren Schwanz ausbalanciert wurde. Er hatte große, kräftige Hinterbeine, aber die Arme waren klein, jedoch trotzdem ungewöhnlich kräftig. Er jagte vermutlich kleinere Dinosaurierarten, doch manche Forscher vermuten auch, dass er sich häufig von Aas (bereits toten Tieren) ernährte.

Hinweise zur Vorbereitung und Nutzung des Materials: siehe Seite 10.

Arbeitsanweisung auf CD

Aufgabenkarte 1

Welches Tier konnte länger als ein Blauwal werden?

Welche Saurierarten waren besonders groß und hoch?

Welcher Saurier hatte den größten Knochenkamm?

Wer war der größte Vertreter der Flugsaurier?

Aufgabenkarte 2

Wo (in welchem Land) hat man viele Knochen des Tyrannosaurus Rex gefunden?

Wie groß konnte diese Dinosaurierart werden?

Nenne besondere Merkmale dieser Dinosaurierart.

Wie ernährte er sich?

Die Dinosaurier

3

Die Dinosaurier (der Name bedeutet: gewaltige Eidechsen) gehörten zu den Landwirbeltieren, die im Mesozoikum (Erdmittelalter) vor rund 235 Millionen Jahren bis zur Kreide-Tertiär-Zeit vor etwa 65 Millionen Jahren lebten.
Als Paläontologen bezeichnet man die Wissenschaftler, welche die Lebewesen vergangener Erdzeitalter (zum Beispiel der Kreidezeit) erforschen. Das Wissen über die Dinosaurier erhalten Paläontologen durch die Untersuchung von Fossilien, also Versteinerungen, die bei Ausgrabungen gefunden werden. Überreste von Dinosauriern sind auf allen Kontinenten aufgetaucht, da die Dinosaurier zu einer Zeit lebten, als das ganze Festland im Superkontinent Pangaea verbunden war.

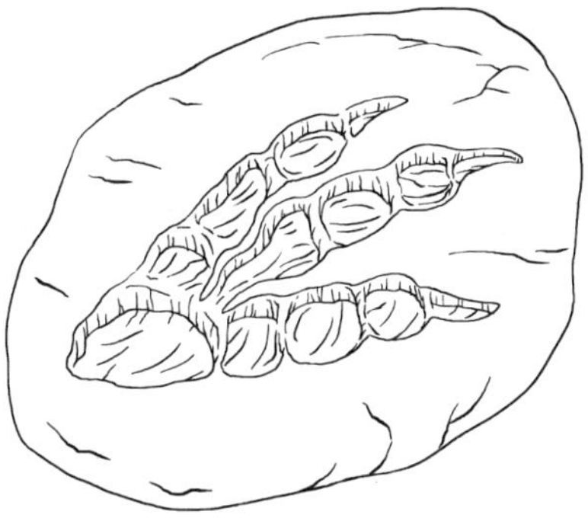

Fossilien

4

Als Fossilien bezeichnet man die in Gesteinsschichten erhalten gebliebenen Reste von Pflanzen und Tieren vergangener Erdzeitalter sowie Spuren von Tieren (Fußabdrücke). Sie wurden versteinert oder blieben als Abdruck im Gestein erhalten. In der Regel verfaulen Tiere und Pflanzen, wenn sie gestorben sind, und es bleiben keine Reste von ihnen übrig. Fossilien können nur dann entstehen, wenn die Tiere oder Pflanzen sehr schnell luftdicht bedeckt werden, zum Beispiel durch Sand, Harz oder Wasser. Dadurch, dass sie dann kein Sauerstoff erreichen kann, verfaulen sie nicht. Die eingeschlossenen Überreste werden manchmal bei Ausgrabungsarbeiten entdeckt. Der Begriff *Fossilien* kommt vom lateinischen Wort *fossilis = ausgegraben.*

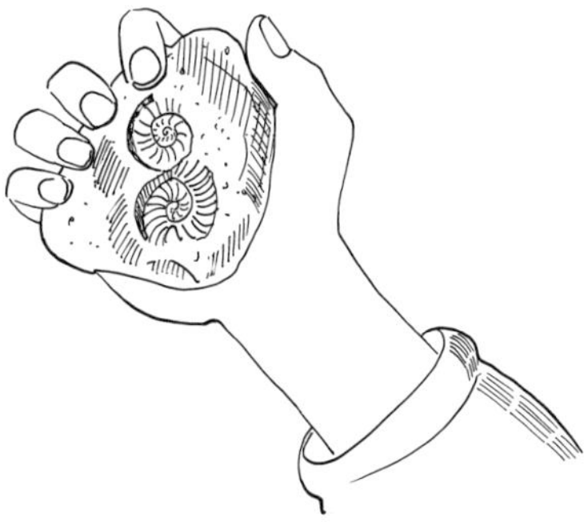

Aufgabenkarte (3)

Zu welcher Tierart gehörten die Dinosaurier?

Welchen Namen haben die Dinosaurierforscher?

Wo hat man Dinosaurierreste gefunden?

Aufgabenkarte (4)

Woher kommt die Bezeichnung *Fossilien*?

Was sind Fossilien?

Wie entstehen Versteinerungen?

Der Triceratops

5

Triceratops heißt übersetzt *Dreihorngesicht*. Diese Dinosaurierart wurde bis zu 9 Meter groß und gehörte zu den Pflanzenfressern. Der Triceratops zählt zu den am besten beschriebenen Dinosaurierarten, obwohl von ihm noch kein vollständiges Skelett entdeckt wurde. Er lebte während der Kreidezeit in großen Herden in den Wäldern und Ebenen von Nordamerika. Sein Schädel besaß zwei mächtige Hörner über den Augen sowie ein kleineres Nasenhorn. Eine große Halskrause schützte den Schulter- und Halsbereich. Diese Besonderheiten sorgten dafür, dass er den gefährlichen Fleischfressern nicht schutzlos ausgeliefert war.

Der Velociraptor

6

Der Velociraptor war ein auf zwei Beinen laufender, gefiederter Fleischfresser. Sein Name bedeutet: schneller Räuber. Er lebte in der Kreidezeit und konnte bis zu 2 Meter groß werden. Hilfreich bei der Jagd waren seine drei scharfen, sichelartigen Krallen, die er an jeder Hand hatte. Von dieser Dinosaurierart hat man einige vollständige Skelette gefunden. Vielen Menschen sind die Velociraptoren aus dem Film *Jurassic-Park* bekannt.

Aufgabenkarte

5

Wie lautet der deutsche Name für *Triceratops*?

____

Wo lebte der Triceratops?

____

Was war sein besonderes Kennzeichen?

____

Aufgabenkarte

6

Was bedeutet der Name *Velociraptor*?

____

Wann lebte er?

____

Was war sein besonderes Kennzeichen?

____

Die Pflanzenfresser

7

Zu den Dinosaurierarten, die sich von Pflanzen ernährten gehörten zum Beispiel:

der Triceratops, der Ankylosaurus, der Stegosaurus oder der Brachiosaurus

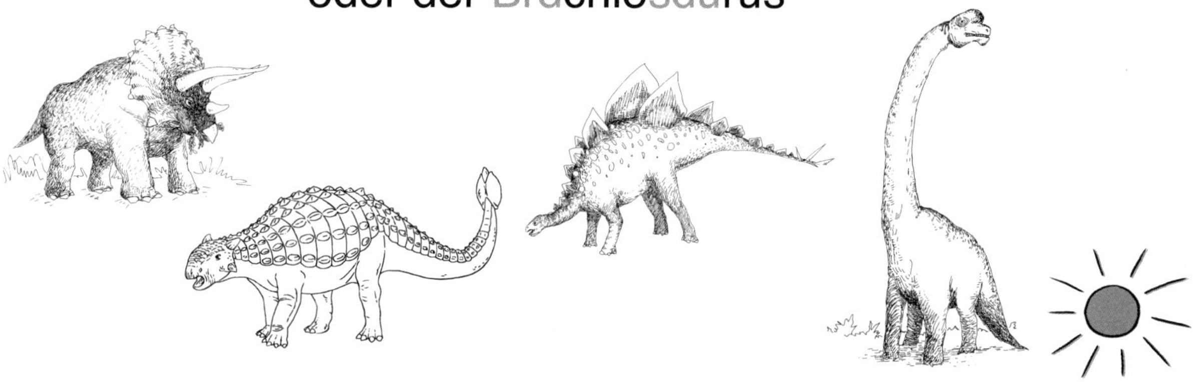

Die Raubsaurier

8

Die Raubsaurier gehörten zu den Dinosaurierarten, die sich von Fleisch oder Aas (toten Tieren) ernährten. Dazu gehörten zum Beispiel:

der Pterodaktylus, der Velociraptor, der Deinonychus, der Tyrannosaurus Rex

Aufgabenkarte

7

Male einen Pflanzenfresser.

Aufgabenkarte

8

Schreibe zwei Raubsaurier (Fleischfresser) auf.

AB Der Tyrannosaurus Rex

1. Lies den Text.

Der Tyrannosaurus Rex wird übersetzt *König der Tyrannenechsen* genannt. Er lebte vor circa 68 bis 65 Millionen Jahren und gehörte zu den größten, aufrecht gehenden Fleischfressern. Über seine Ernährungsgewohnheiten herrscht bei den Forschern Uneinigkeit. Viele vermuten, dass er verschiedene Pflanzenfresser fraß und manchmal auch Aas, also bereits tote Tiere. Andere Forscher nehmen an, dass er gar kein großer Jäger war, sondern sich nur von Aas ernährte.

Auffallend waren sein massiger Schädel mit kräftigen Zähnen und sein langer, schwerer Schwanz, mit welchem er vermutlich das Gewicht des Kopfes ausbalancierte. Im Verhältnis zu den langen und starken Hinterbeinen waren die Arme des Tyrannosaurus Rex klein, aber stark.

Anzunehmen ist, dass er wahrscheinlich nicht so schnell rennen konnte, wie es in verschiedenen Filmen häufig dargestellt wird. Forscher haben nämlich festgestellt, dass der Tyrannosaurus Rex viel zu lange und zu wenige Beinmuskeln hatte, um sich sehr schnell fortbewegen zu können.

2. Kreuze die richtigen Antworten an und schreibe Antwortsätze.

Wie heißt die deutsche Übersetzung von *Tyrannosaurus Rex*?

☐ König der Tyrannenechsen ☐ König der Echsen ☐ König der Tyrannen

Wann lebte diese Dinosaurierart?

☐ vor 78–75 Mill. Jahren ☐ vor 68–65 Wochen ☐ vor 68–65 Mill. Jahren

Was fraß der Tyrannosaurus Rex gerne?

☐ Aas ☐ Pflanzen ☐ Süßigkeiten

Warum konnte diese Saurierart wohl nicht ganz so schnell rennen?

Wie würdest du das Aussehen des Tyrannosaurus Rex beschreiben?

Vergleiche mit dem Lösungsblatt.

AB

Der Tyrannosaurus Rex

1. Lies den Text.

Der Tyrannosaurus Rex wird übersetzt *König der Tyrannenechsen* genannt. Er lebte vor circa 68 bis 65 Millionen Jahren und gehörte zu den aufrecht gehenden Reptilien, die sich von Fleisch ernährten. Neben verschiedenen Pflanzenfressern fraß er vermutlich auch Aas, also bereits tote Tiere.

Auffallend waren sein massiger Schädel mit kräftigen Zähnen und sein langer, schwerer Schwanz, mit welchem er vermutlich das Gewicht des Kopfes ausbalancierte. Im Verhältnis zu den langen und kräftigen Hinterbeinen waren die Arme des *Tyrannosaurus Rex* klein, aber stark. Er konnte wahrscheinlich bis zu sechs Meter hoch und bis zu 15 Meter lang werden.

2. Kreuze die richtigen Antworten an.

Zu welcher Tiergruppe gehörte der Tyrannosaurus Rex?

☐ zu den Amphibien ☐ zu den Reptilien ☐ zu den Säugetieren

Wie lang konnte ein Tyrannosaurus Rex werden?

☐ bis zu 5 m ☐ bis zu 15 cm ☐ bis zu 15 m

Wie heißt die deutsche Übersetzung von *Tyrannosaurus Rex*?

☐ König der Tyrannenechsen ☐ König der Echsen ☐ König der Tyrannen

Wann lebte diese Dinosaurierart?

☐ vor 78–75 Mill. Jahren ☐ vor 68–65 Wochen ☐ vor 68–65 Mill. Jahren

Was fraß der Tyrannosaurus Rex gerne?

☐ Aas ☐ Pflanzen ☐ Süßigkeiten

Der Tyrannosaurus Rex hatte

☐ kurze Hinterbeine. ☐ einen massigen Kopf. ☐ lange Arme.

Vergleiche mit dem Lösungsblatt.

AB

Satzstreifen ordnen

Hier ist ein Text durcheinandergeraten!

1. Schneide die Textstreifen aus.

2. Finde die richtige Reihenfolge. Beginne mit **Max rieb sich.** Wenn alles richtig ist, kannst du im Hintergrund deines Textes ein Bild erkennen.

Klebe die Textstreifen richtig auf.

Der kleine Dinosaurier Max

Wasserfällen unternehmen wollen. Doch plötzlich hatte er seine

Max rieb sich verschlafen die Augen. Erstaunt blickte

Freunde nicht mehr gefunden und stand ganz allein auf einer Lichtung

seinen Weg durch das Unterholz des Waldes. So schnell er konnte rannte Max davon, bis er den Eingang der kleinen Höhle

fragte sie. „Wir haben uns solche Sorgen gemacht! Komm schnell mit, deine Mutter wartet schon!" Glücklich

im Wald. So laut er auch rief – niemand hörte ihn! Plötzlich vernahm er ein lautes Knacken und Brüllen. Oh nein! Ein hungriger Tyrannosaurus bahnte sich

war er dort gelandet? Langsam kehrte die Erinnerung zurück. Genau! Gestern hatte er mit seinen Freunden eine Erkundungstour zu den rauschenden

entdeckte. Danach war er wohl erschöpft dort eingeschlafen. Vorsichtig blickte Max nach draußen. Alles war ruhig. Auf einmal sah er einen anderen kleinen Dinosaurier, der suchend durch das Gras

lief. Das war doch Jule, seine Freundin! Glücklich sprang Max ihr entgegen und rief:

machten sich Max und Jule auf den Heimweg.

er sich um. Wo war er? Diese Höhle kannte er nicht! Wie

„Jule, hier bin ich! Hast du mich gesucht?" Jule drehte sich um und rannte erleichtert auf ihn zu. „Max wo warst du denn?",

Vergleiche mit dem Lösungsblatt.

Hier ist ein Text durcheinandergeraten!

1. Schneide die Textstreifen aus.
2. Finde die richtige Reihenfolge. Beginne mit **Die Dinosaurier**. Wenn alles richtig ist, kannst du im Hintergrund deines Textes ein Bild erkennen.

Klebe die Textstreifen richtig auf.

Zu welcher Tierart gehören die Dinosaurier?

den aufrechten Gang konnten sich die Dinosaurier schneller bewegen als andere Reptilien, was ihnen viele

Eidechsen bewegten sich viele Dinosaurierarten aber in einer aufrechten Haltung. Durch

Vorteile bei der Suche nach Nahrung oder dem Schutz vor Feinden verschaffte.

Als Reptilien bezeichnet man zum Beispiel auch Krokodile und Eidechsen. Im Gegensatz zu den

Die Dinosaurier gehören zu den Reptilien.

Vergleiche mit dem Lösungsblatt.

AB Satzstreifen ordnen

Hier ist ein Satz durcheinandergeraten!

1. Schneide die Satzstreifen aus.
2. Finde die richtige Reihenfolge. Tipp: Sortiere die Wörter nach dem Abc. Wenn alles richtig ist, kannst du im Hintergrund deines Textes ein Bild erkennen.

Klebe die Satzstreifen richtig auf.

Die Dinosaurier

Vergleiche mit dem Lösungsblatt.

M Materialvorlage: Leselotto (Tafel)

Hinweise zur Vorbereitung und Nutzung des Materials: siehe Seite 10.

Arbeitsanweisung auf CD

1. Lies die Sätze genau.
2. Lege jedes Bild an die beschriebene Stelle.

Vergleiche mit dem Lösungsblatt.

M Materialvorlage: Leselotto (Bildkarten)

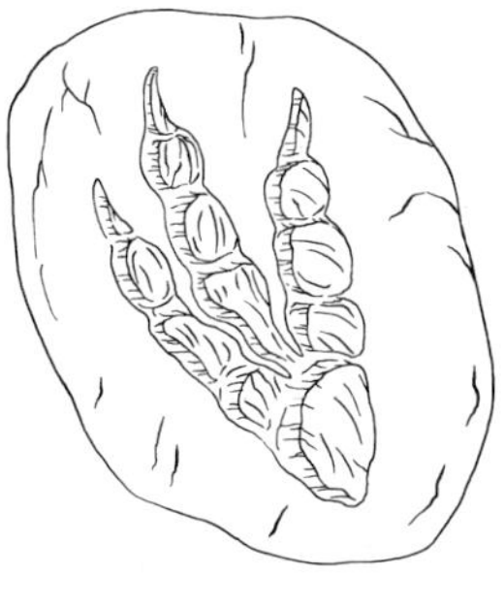
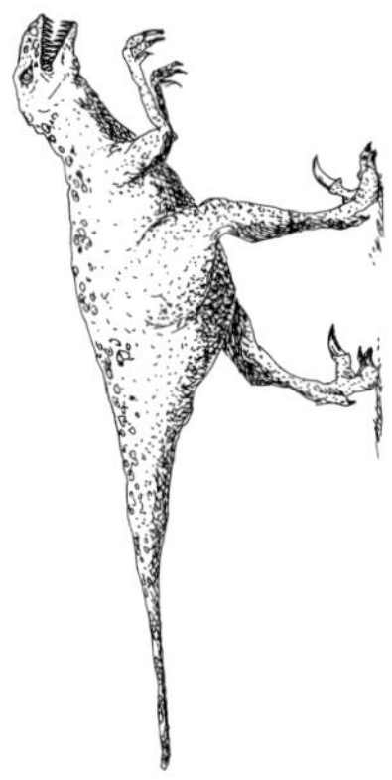

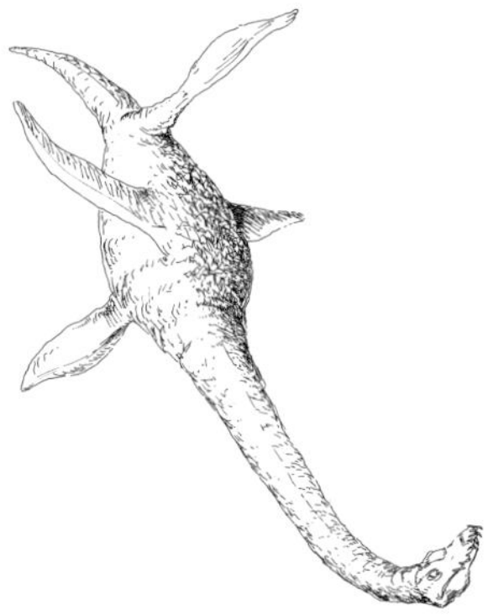

Leselotto Hinweise

1	Das Bild vom grasenden Triceratops liegt in der ersten Reihe ganz rechts.
2	Der hungrige Ichtiosaurus schwimmt, nach Beute suchend, in der unteren, linken Ecke.
3	Der Pteranodon war ein Flugsaurier mit einem beeindruckenden Knochenkamm auf dem Kopf und einer Flügelspannweite von bis zu sieben Metern. Er hat es sich unter dem Tyrannosaurus Rex bequem gemacht.
4	Der Euoplocephalus wartet neben dem Triceratops auf seine Kameraden. Zu seinen besonderen Merkmalen gehören die schwere Keule am Schwanzende und Knochenhöcker auf dem Rücken.
5	Über dem Ichtiosaurus findest du den Stegosaurus mit seinen großen, knöchernen Rückenplatten.
6	Rechts neben dem Pteranodon wohnt der Deinonychus, dessen gefährlichste Waffe seine großen Krallen waren.
7	Der Vogel ist ein direkter Nachfahre der Dinosaurier. Er fliegt neben dem Stegosaurus.
8	Unter dem Vogel hat sich ein Riesenkrokodil versteckt. Die Krokodile lebten schon vor den Dinosauriern auf unserer Erde.
9	Links neben dem Euoplocephalus steht ein Brachiosaurus mit kleinem Kopf und langem Hals.
10	Unter dem Triceratops liegt ein Fossil, auch Versteinerung genannt. Man kann den versteinerten Fußabdruck eines Dinosauriers erkennen.
11	Über dem Stegosaurus schwimmt der Elasmosaurus mit seinem langen Hals.
12	Das Bild vom Tyrannosaurus Rex wird auf das gleiche Bild der Vorlage gelegt.

M Materialvorlage: Lesen und zuordnen (für die Setzleiste)

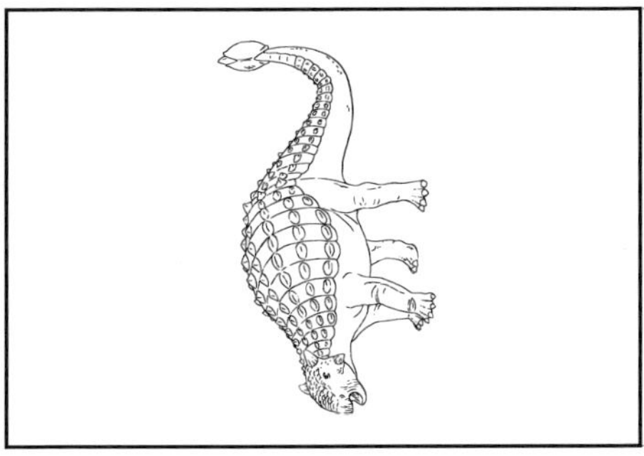

a

Der **Ankylosaurus** war ein Pflanzenfresser. Er hatte eine Panzerung aus Knochenplatten, der Schwanz endete in einer knöchernen Schwanzkeule.

a

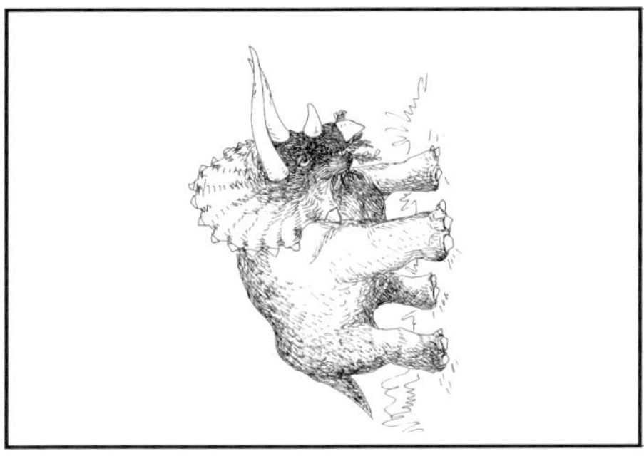

b

Triceratops heißt übersetzt *Dreihorngesicht*. Er wurde bis zu 9 m groß und gehörte zu den Pflanzenfressern.

b

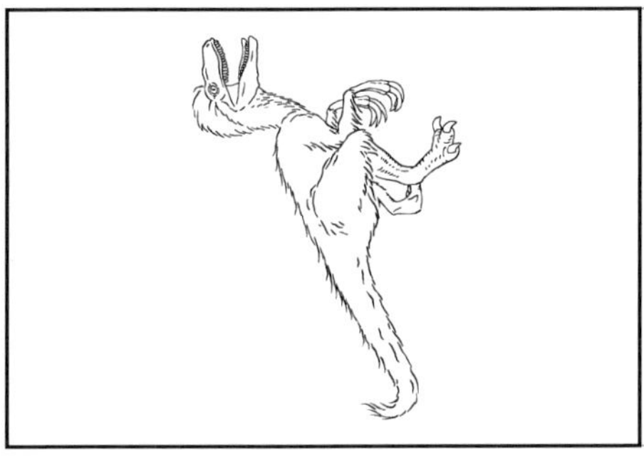

c

Der **Velociraptor** war ein auf zwei Beinen laufender gefiederter Fleischfresser. Er lebte in der Kreidezeit und konnte bis zu 2 m groß werden.

c

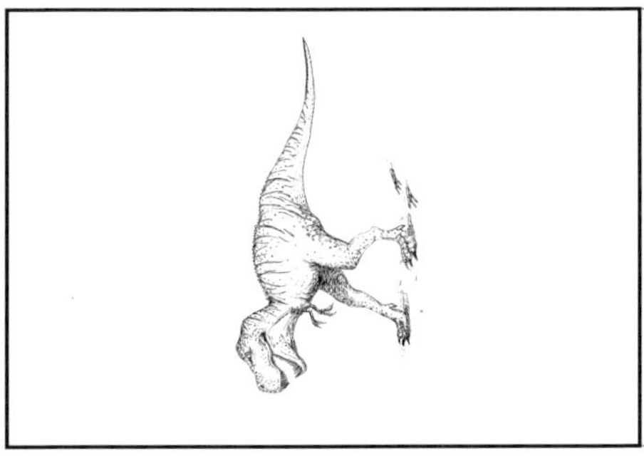

d

Der **Tyrannosaurus** wird manchmal auch *König der Eidechsen* genannt und gehörte zu den Fleischfressern. Manche Forscher vermuten, dass er sich auch von Aas ernährte.

d

e

Der Name **Brontosaurus** bedeutet *Donnereidechse.* Später nannte man diese Dinosaurierart **Apatosaurus.** Er wog bis zu 30 Tonnen.

e

Hinweise zur Vorbereitung und Nutzung des Materials: siehe Seite 10.

Arbeitsanweisung auf CD

M Materialvorlage: Lesen und zuordnen (für die Setzleiste)

f

Stegosaurus bedeutet *Dachechse*. Auffallend waren die Knochenplatten und die Schwanzstacheln. Er fraß Pflanzen.

f

g

Der **Pterodaktylus** gehört zu den Flugsauriern. Er hatte eine Flügelspannweite von bis zu 75 cm und ernährte sich von Fischen und kleinen Tieren.

g

h

Der **Ichtyosaurus** wurde bis zu 2 m groß. Er legte keine Eier, sondern brachte lebende Junge zur Welt und ernährte sich von Fischen und Kopffüßlern.

h

i

Der **Elasmosaurus** konnte bis zu 12 m lang werden. Er war ein schneller Schwimmer und ernährte sich von Fischen.

i

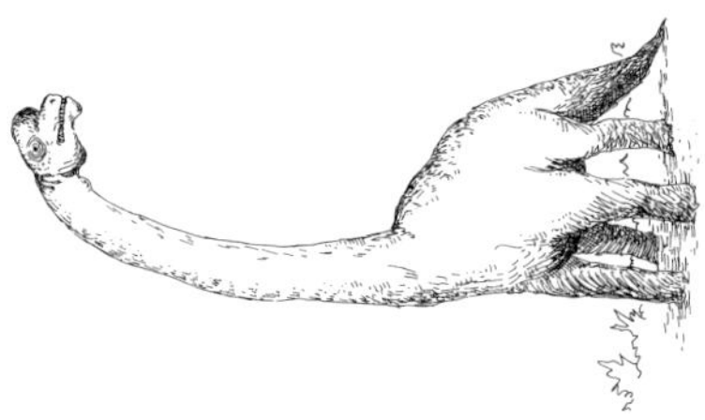

k

Der **Brachiosaurus** gehört zu den größten Landtieren der Erdgeschichte. Er ernährte sich von Pflanzen.

k

Ines Bischoff / Manuela Frank: Wochenpläne – Klasse 3

Materialvorlage: Lesen und zuordnen (für die Setzleiste)

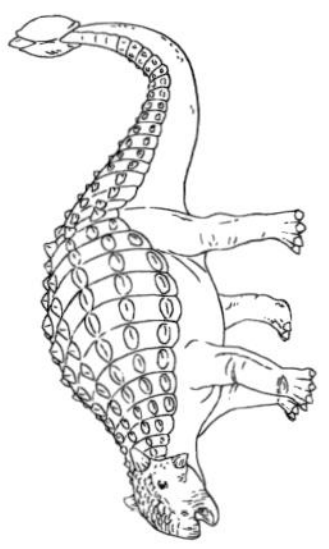

a

Ankylosaurus

a

b

Triceratops

b

c

Velociraptor

c

d

Tyrannosaurus

d

e

Brontosaurus

e

M Materialvorlage: Lesen und zuordnen (für die Setzleiste)

f

Stegosaurus

f

g

Pterodaktylus

g

h

Ichtyosaurus

h

i

Elasmosaurus

i

k

Brachiosaurus

k

Ines Bischoff/Manuela Frank: Wochenpläne – Klasse 3

Der Tyrannosaurus gehörte
zu den fleischfressenden Dinosauriern.
Er hatte einen großen Schädel und einen
langen, kräftigen Schwanz. Mit seinen
bis zu fünfzehn Metern Länge galt er
als das größte Landraubtier.

A

Der Triceratops war ein
Pflanzenfresser. Er überlebte
bis zum Ende des Dinosaurier-Zeitalters.
Seine Art erreichte eine Länge von
bis zu neun Metern. Er fiel durch seine
Hörner und sein Nackenschild auf.

B

Hinweise zur Vorbereitung und Nutzung des Materials: siehe Seite 12.

Arbeitsanweisung auf CD

Elasmosaurus bedeutet übersetzt *Platteneidechse*. Diese Dinosaurierart lebte im Meer und konnte bis zu vierzehn Meter lang werden. Er ernährte sich von Fischen, die er mit seinen scharfen Zähnen leicht schnappen konnte.

C

Der Stegosaurus war ein Pflanzenfresser. Seine besonderen Kennzeichen waren die große Rückenplatte und die spitzen Dornen am Schwanzende. Er konnte bis zu neun Meter lang werden.

D

M Materialvorlage: Partnerdiktat

Der Archaeopterix ist der älteste,
bekannte Saurier mit Federn.
Man bezeichnet ihn auch als Urvogel,
der allerdings nicht gut fliegen konnte.
Er war ein Fleischfresser und etwa so
groß wie eine Taube.

D

Der Brachiosaurus
fraß Pflanzen und
war sehr groß.

A

Der Velociraptor
fraß Fleisch und lief
auf zwei Beinen.

B

Ines Bischoff/Manuela Frank: Wochenpläne – Klasse 3

Laufdiktat

Die Theropoden

Der amerikanische Forscher Marsh hatte die Idee, alle fleischfressenden Dinosaurierarten als Theropoden zu bezeichnen. Die Theropoden bewegten sich häufig auf zwei schlanken Hinterbeinen vorwärts und waren meist schneller als die pflanzenfressenden Dinosaurier. Auffallend waren ihre kurzen Arme und der lange Schwanz.

Laufdiktat

Die Theropoden

Ein amerikanischer Forscher hatte die Idee, alle fleischfressenden Dinosaurier als Theropoden zu bezeichnen. Die Theropoden liefen meist auf zwei Beinen. Sie hatten kurze Arme und einen langen Schwanz.

Hinweise zur Vorbereitung und Nutzung des Materials: siehe Seite 12.

Arbeitsanweisung auf CD

AB Meine Dinosauriergeschichte

1. Suche dir eine Schachtel aus und plane eine zum Bild passende Geschichte.

Welche Tiere kommen in deiner Geschichte vor?

Wie fühlen sie sich?

Wo spielt deine Geschichte?

Wann spielt deine Geschichte?

Was ist geschehen (Stichworte)?

Welche Überschrift passt zu deiner Geschichte?

2. Schreibe deine Geschichte auf ein Schmuckblatt.

Tipp: Öffne die Schachtel, wenn dir nichts einfällt oder du mit deinen Ideen nicht zufrieden bist. Dort findest du Wörter, die dir beim Schreiben helfen können.

M Materialvorlage: Streichholzschachtel-Geschichten

	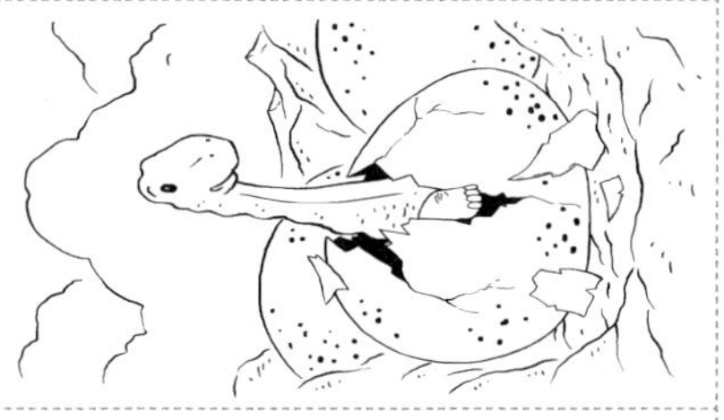
Wer: Dinosaurierarten	**Wer:** Dinosaurierarten
Wo: auf einem Felsen, im Gebirge, auf einer weiten Wiese, in der Nähe eines Wäldchens	**Wo:** im Gebirge, auf einer Wiese, in einer Höhle, auf einem Felsen, im Sand, in einem Versteck
Wann: morgens, mittags, abends, nachts	**Wann:** morgens, mittags, abends, nachts
Satzanfänge: Es war ein schöner Sommertag; Eines Tages; Plötzlich; Auf einmal; In der Nähe; Endlich; Später; Jetzt; Schließlich; Bald	**Satzanfänge:** Mitten in der Nacht; Am frühen Morgen; Plötzlich; Auf einmal; Dann; Endlich; Später; Erstaunt; Sofort
Nomen: Geräusch, Brüllen, Steine, Angst, Idee	**Nomen:** Geräusch, Krach, Ei, Schale, Blick, Herz
Verben: umblicken, umherschauen, befürchten	**Verben:** knacken, betrachten, anschauen, fühlen
Adjektive: gefährlich, hungrig, ängstlich, überrascht	**Adjektive:** süß, klein, winzig, glatt, erstaunt, glücklich

Hinweise zur Vorbereitung und Nutzung des Materials: siehe Seite 9.

Materialvorlage: Streichholzschachtel-Geschichten

Wer: Dinosaurierarten	**Wer:** Dinosaurierarten
Wo: in der Wüste, auf einem Geröllfeld, bei einem Vulkan, in einer Steppe, auf einem Berg, in einer Flusslandschaft	**Wo:** in einem Wald, auf einer Wiese, im Gras, auf dem Boden, in einem Nest, in einer Höhle, auf einem Hügel
Wann: morgens, mittags, abends, nachts	**Wann:** morgens, mittags, abends, nachts
Satzanfänge: Es war ein kalter Tag; Plötzlich; Auf einmal; Dann; Endlich; Später; Zuletzt; Vorsichtig; Sofort	**Satzanfänge:** An einem sonnigen Tag; Im Morgengrauen; Plötzlich; Erschöpft; Auf einmal; Danach; Endlich; Zuletzt; Dennoch
Nomen: Hunger, Räuber, Versteck, Eier, Nest	**Nomen:** Geräusch, Schale, Riss, Loch, Umgebung
Verben: umblicken, entdecken, finden, stehlen, klammern, rennen, fressen	**Verben:** aufbrechen, betrachten, sehen, fühlen, riechen, rufen
Adjektive: gefährlich, hungrig, schnell, frech, gemein, gemeinsam, fröhlich, listig	**Adjektive:** verwundert, ängstlich, erstaunt, allein, hungrig, kalt, neugierig, mutig

Materialvorlage: Streichholzschachtel-Geschichten

Wer: Dinosaurierarten	**Wer:** Dinosaurierarten
Wo: im Wasser, im Meer, in einem großen Ozean, am Himmel, in einer großen Welle	**Wo:** im Gebirge, auf einer Wiese, auf einem Berg, im Sand, in ein Versteck, in einer Steppe, bei einem Vulkan
Wann: morgens, mittags, abends, nachts	**Wann:** morgens, mittags, abends, nachts
Satzanfänge: An einem schönen Sommertag; Eines Tages; Plötzlich; Auf einmal; Dann; Da; Endlich; Später; Jetzt	**Satzanfänge:** Eines Tages; Am frühen Morgen; Plötzlich; Auf einmal; Daraufhin; Besorgt; Endlich; Später; Jetzt; Danach
Nomen: Hunger, Feind, Freund, Angst, Freude, Fisch, Wolke, Wind, Insel	**Nomen:** Hunger, Geräusch, Durst, Wanderung, Neugier, Futter, Neuigkeiten
Verben: schwimmen, tauchen, fressen, fliehen	**Verben:** wandern, laufen, schauen, fühlen, trampeln
Adjektive: gefährlich, hungrig, müde, neugierig	**Adjektive:** klein, groß, müde, schnell, langsam

AB

Schmuckblatt

AB Meine Dinosauriergeschichte

1. Lies das Rezept für eine Dinosauriergeschichte.

Rezept für eine Dinosauriergeschichte

Man nehme:
- einen Brontosaurus
- einen Tyrannosaurus Rex
- einen Ankylosaurus
- einen Ichtiosaurus
- einen Stegosaurus
- einen Triceratops

Außerdem benötigt man:
- eine Höhle
- eine Wüste
- ein Gebirge
- einen Vulkan
- einen Fluss
- ein Meer

Weitere Zutaten:
- Hunger
- Gefahr
- Wanderung
- Streit
- Kampf
- Hilfe
- Rettung
- Baby

- fressen
- riechen
- hören
- entdecken
- fliehen
- kämpfen
- füttern
- behüten

2. Notiere die Zutaten, die du in deiner Geschichte einsetzen möchtest. (Du musst nicht alle verwenden!)

3. Schreibe deine Geschichte auf ein Schmuckblatt.

AB Meine Dinosauriergeschichte

1. Was ist passiert? Male das Bild weiter.

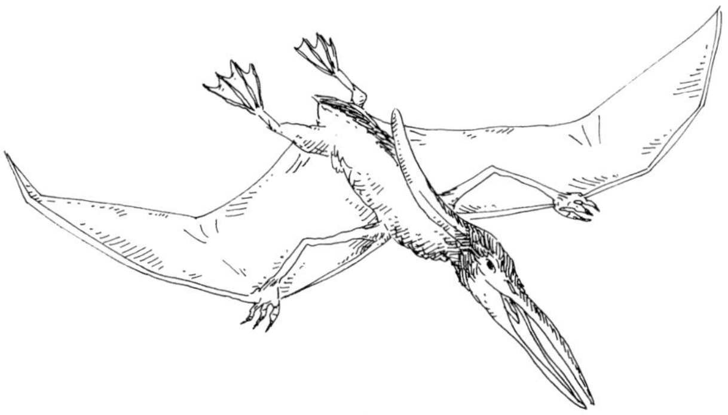

2. Schreibe Wörter oder Sätze zu dem Bild.

AB Dinogedicht

Schreibe dein eigenes Rondell.

Wie?

Das **Rondell** ist ein Gedicht, das aus 8 Zeilen besteht.

Besonderheit:
Bei einem Rondell steht in einigen Zeilen immer derselbe Satz, der zu den anderen Zeilen und der Überschrift passt.
Ein ausgewählter Satz soll sich in der ersten, vierten und siebten Zeile wiederholen.
Auch die zweite und die achte Zeile wiederholen sich, aber mit einem anderen Satz.

Bauplan für ein Rondell:

Form:	Beispiel:
Überschrift	**Das Feuer**
1. Zeile: Satz 1	Hilfe, es brennt!
2. Zeile: Satz 2	Der kleine Saurier fürchtet sich.
3. Zeile: Satz	Die Flammen flackern, es ist heiß!
4. Zeile: Der Satz aus der 1. Zeile wird wiederholt.	Hilfe es brennt!
5. Zeile: Satz	Dem Kleinen rinnt vor Angst der Schweiß.
6. Zeile: Satz	Schnell rennt er vor der Gefahr davon!
7. Zeile: Der Satz aus der 1. Zeile wird wiederholt.	Hilfe, es brennt!
8. Zeile: Der Satz aus der 2. Zeile wird wiederholt.	Der kleine Saurier fürchtet sich.

1. Finde für jede Gedichtzeile passende Sätze zum Thema Dinosaurier.

Überschrift ______________________

○ 1. ______________________

△ 2. ______________________

□ 3. ______________________

○ 4. ______________________

✺ 5. ______________________

☆ 6. ______________________

○ 7. ______________________

△ 8. ______________________

3. Kontrolliere mit dem Wörterbuch, ob du alle Wörter richtig geschrieben hast.

AB Dinogedicht

Schreibe dein eigenes Bildgedicht.

Wie?

Form:	Beispiel:
Suche dir ein Wort zum Thema Dinosaurier aus (z. B. *Blatt*, denn Pflanzenfresser fraßen Blätter). Male den Umriss eines Blattes auf kariertes Papier und schreibe das ausgewählte Wort mehrmals in die vorgezeichnete Form. Verstecke ein anderes Wort (z. B. Brachiosaurus) zwischen den anderen Wörtern.	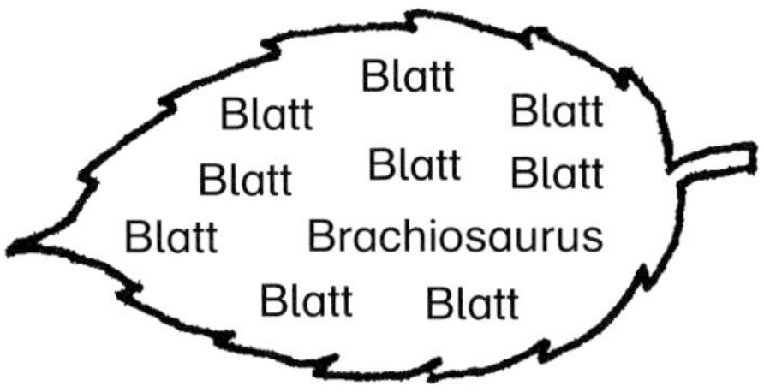

1. Finde zwei passende Wörter zum Thema Dinosaurier.

2. Kontrolliere mit dem Wörterbuch, ob du die Wörter richtig geschrieben hast.

3. Male und schreibe dein Bildgedicht.

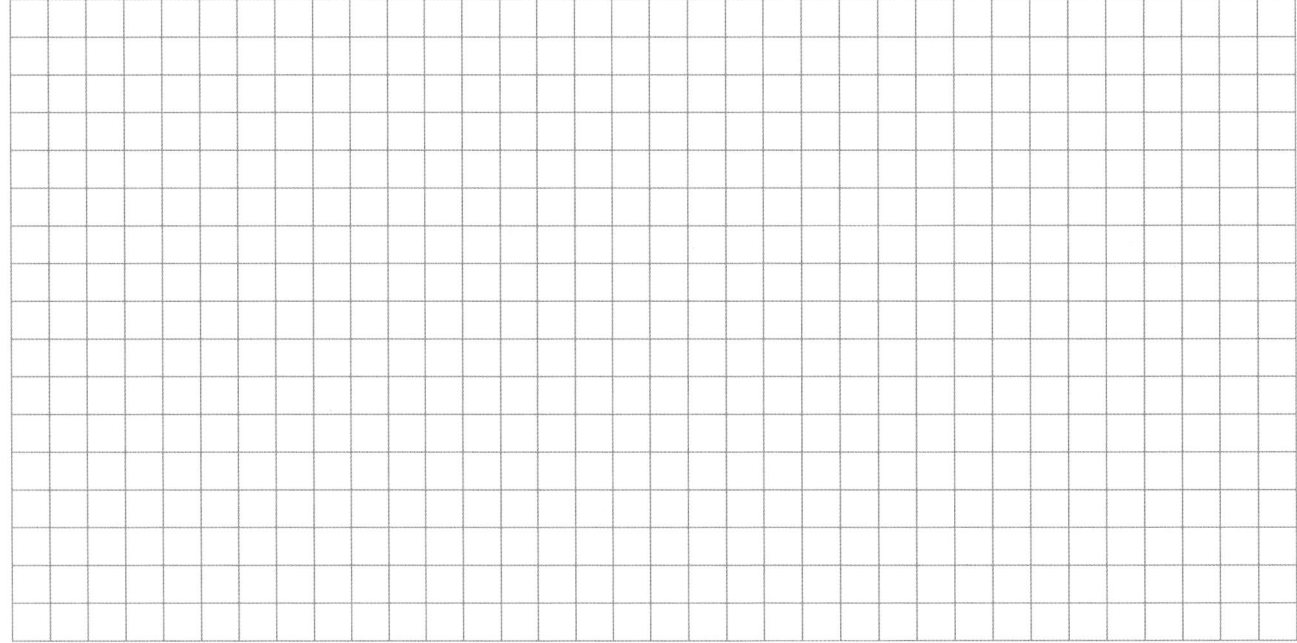

Tipp: Pflanzenfresser aßen unterschiedliche Pflanzen. Manche Dinos fraßen Fische, Eier oder andere Artgenossen. Sie lebten an Vulkanen, Gewässern, liebten die Sonne, die Wolken, manche bauten Nester, …

AB Dinogedicht

Schreibe deine eigene Wortkette.

Wie?

Form:	Beispiel:
In unserer Wortkette beginnt jedes Wort mit dem letzten Buchstaben des vorhergehenden Wortes.	**St**egosaurus **S**onne **E**lefant **T**omate **E** …

1. Finde ein passendes Wort zum Thema Dinosaurier.

2. Schreibe mit deinem Wort eine Wortkette.

3. Kontrolliere mit dem Wörterbuch, ob du die Wörter richtig geschrieben hast.

AB Wörterspiel

1. Lies die Wörter in **Welle 1**.
2. Versuche dir so viele wie möglich zu merken.
   Dafür hast du 2 Minuten Zeit.
   Decke nach den 2 Minuten die Welle zu.
3. Schreibe die Wörter auf.
4. Wie viele hast du dir gemerkt?
   Vergleiche mit den Wörtern in der Welle. Verbessere die Fehler.
5. Bearbeite **Welle 2** auf die gleiche Weise.

Welle 1:

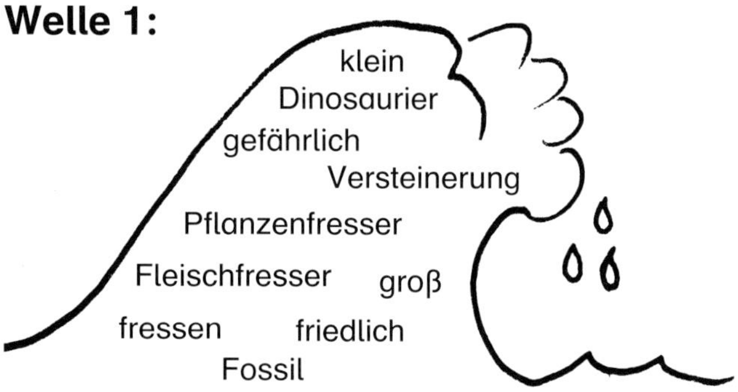

Welle 2:

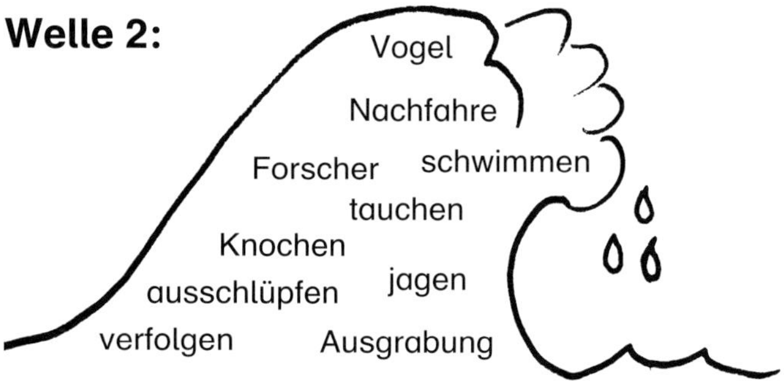

Welle 1:

Ich konnte _______ Wörter auswendig aufschreiben!

Welle 2:

Ich konnte _______ Wörter auswendig aufschreiben!

AB Purzelwörter

1. Um welche Dinowörter handelt es sich?
2. Schreibe die Wörter richtig auf.

Vergleiche mit dem Lösungsblatt.

Flesserfreisch

Tricesatopr

Lissof

Pfresserflanzen

Rinodauries

Lrakle

Ebute

Tkelest

AB Die Dinosaurier und die Wortarten

1. Trenne alle Wörter durch Striche voneinander.
2. Ordne die Wörter in die richtigen Rahmen ein.

Haut|fressenSchnabelgrauenhaftdieGefahreinefliegenriesig

kriechendasHornerschreckeneinglatthungriglautder

hörenEntenschnabeldinosaurierängstlichKörperschwimmen

Nomen (Namenwort)

Verb (Tunwort)

Adjektiv (Wiewort)

Artikel (Begleiter)

3. Bilde Sätze mit den Wörtern.

Vergleiche mit dem Lösungsblatt.

AB Die Dinosaurier und die Wortarten

1. Lies den Text.

2. Markiere die Wortarten unterschiedlich.

Nomen (Namenwort)	△	(blau)
Verb (Tunwort)	○	(rot)
Adjektiv (Wiewort)	□	(grün)
Artikel (Begleiter)	✕	

Die Sauropoden

Die Sauropoden gelten als die größten Landtiere, die bisher auf der Erde lebten. Sie hatten lange Hälse und Schwänze, einen großen Körper, aber einen kleinen Kopf mit winzigen Gehirnen. Als größter Sauropode gilt der Brachiosaurus. Alle Sauropoden fraßen kein Fleisch, sondern Pflanzen.

Vergleiche mit dem Lösungsblatt.

AB Die Dinosaurier und die Wortarten

Verbinde passend.

Stegosaurus	
rennen	
der	Nomen (Namenwort)
Schwanz	
gefährlich	Verb (Tunwort)
fressen	Adjektiv (Wiewort)
schnell	Artikel (Begleiter)
Stachel	
die	

Vergleiche mit dem Lösungsblatt.

Ines Bischoff / Manuela Frank: Wochenpläne – Klasse 3

AB Der Großschreibung auf der Spur

Nomen (Namenwörter) und **Satzanfänge** werden großgeschrieben.

1. Lies den Text.
2. Ergänze die Satzschlusszeichen (Punkte).
3. Unterstreiche die Nomen.
4. Schreibe den Text richtig ab. Achte auf die Groß- und Kleinschreibung!

die entstehung des lebens

vor knapp vier milliarden jahren entstand das leben auf der erde die tiere und pflanzen eroberten vom meer aus nach und nach den himmel und das land sie versuchten, sich den unterschiedlichen lebensbedingungen anzupassen dabei waren die reptilien besonders erfolgreich

Vergleiche mit dem Lösungsblatt.

AB Der Großschreibung auf der Spur

Nomen (Namenwörter) und **Satzanfänge** werden großgeschrieben.

1. Lies den Text.
2. Unterstreiche die Nomen.
3. Markiere die Satzanfänge.
4. Schreibe den Text richtig ab. Achte auf die Groß- und Kleinschreibung!

die zeit vor den dinosauriern

auf der erde gab es schon vor den dinosauriern viele verschiedene lebensformen. in den meeren bildeten sich erste lebewesen, die bakterien ähnelten. mit der zeit gab es immer größere und kompliziertere lebewesen, bis sich schließlich die amphibien und danach die dinosaurier entwickelten.

Vergleiche mit dem Lösungsblatt.

AB

Der Großschreibung auf der Spur

Nomen (Namenwörter) werden großgeschrieben.
Vor Nomen kann man einen Artikel (der, die, das) setzen.

1. Lies die Wörter.
2. Unterstreiche die Nomen.
3. Verbessere die Anfangsbuchstaben der Nomen.
4. Schreibe die Nomen richtig ab.

krokodil	bunt	fisch
rennen	trinken	forscher
flugsaurier	knochen	gefährlich

Vergleiche mit dem Lösungsblatt.

Stöpselkarte: Nomen, Verb, Adjektiv oder Artikel?

1. Markiere die Antwort mithilfe deines Stöpsels.
2. Drehe die Karte erst um, wenn du alle Fragen beantwortet hast.

	Nomen	Verb	Adjektiv	Artikel
Allosaurus	○	○	○	○
der	○	○	○	○
fressen	○	○	○	○
gefährlich	○	○	○	○
schnell	○	○	○	○
Pflanzenfresser	○	○	○	○
Vulkanasche	○	○	○	○
ein	○	○	○	○
schuppig	○	○	○	○
erlegen	○	○	○	○
Aasfresser	○	○	○	○
jagen	○	○	○	○
hungrig	○	○	○	○

Hinweise zur Vorbereitung und Nutzung des Materials: siehe Seite 11.

Arbeitsanweisung auf CD

M Materialvorlage: Stöpselkarte

Stöpselkarte: Nomen, Verb, Adjektiv oder Artikel?

1. Markiere die Antwort mithilfe deines Stöpsels.
2. Drehe die Karte erst um, wenn du alle Fragen beantwortet hast.

	Nomen (Namenwort)	Verb (Tunwort)	Adjektiv (Wiewort)	Artikel (Begleiter)
Gigantosaurus	○	○	○	○
ein	○	○	○	○
Nahrung	○	○	○	○
riesig	○	○	○	○
schwer	○	○	○	○
Fleischfresser	○	○	○	○
die	○	○	○	○
Jäger	○	○	○	○
Beute	○	○	○	○
auflauern	○	○	○	○
Aasfresser	○	○	○	○

Stöpselkarte: Nomen oder Verb?

1. Stecke alle Stöpsel an die richtige Stelle.
2. Drehe die Karte um und kontrolliere.

	Nomen (Namenwort)	Verb (Tunwort)
Allosaurus	○	○
rennen	○	○
Nahrung	○	○
Beute	○	○
Pflanzen	○	○
fressen	○	○
jagen	○	○
Ei	○	○
Nest	○	○
auflauern	○	○

M Materialvorlage: Treppendomino

mutig	windig
Mut	herbstlich
Wind	gütig
Herbst	ängstlich
Güte	durstig
Angst	kalt
Durst	sonnig
Kälte	warm
Sonne	farbig
Wärme	Farbe

Hinweise zur Vorbereitung und Nutzung des Materials: siehe Seite 12.

Arbeitsanweisung auf CD

Wörterdetektive

Inhalt

Differenzierungen:

Schwierigkeitsstufe 3 = Mond 

Schwierigkeitsstufe 2 = Stern 

Schwierigkeitsstufe 1 = Sonne 

Wochenplan: Wörterdetektive

für ______________________ von ______________ bis ______________
(Name) (Datum) (Datum)

		erledigt ☑
Lesen 	Lesekarten Nr.: _____ _____	
	AB: Falsche Wörter finden	
	Leseröllchen	
	AB: Phantombilder	
	Leselotto	
	Wörtermemo	
Schreiben 	Diktat	
	AB: Meine Detektivgeschichte	
	Geschichtenwürfel	
	AB: Steckbrief	
	AB: Detektivgedicht	
	AB: Im Versteck der Diebe	
Sprache 	AB: Wörter nach dem Abc ordnen	
	Domino Abc	
	AB: Wörtliche Rede	
	AB: Wortfelder	
Zusatzaufgaben 	AB: Mein Detektivbild	
	AB: Steckbrief	
	AB: Detektivsuchsel	
	Geschichtenkreisel	
	Angelspiel	
	Diktat	

Der Diebstahl

1

In Jules und Jans Schule passieren seltsame Dinge: Leni, das Schulmaskottchen, wurde gestohlen. Leni ist ein kleiner Stoffhase, der im Eingangsbereich der Schule in einem Glaskasten aufbewahrt wurde.
Jule und Jan wollen herausbekommen, wer das Plüschtier geklaut hat. Deshalb gehen die beiden Hobbydetektive einen Tag nach dem Diebstahl noch vor Unterrichtsbeginn zur Schule. Zum Glück hat der Hausmeister die große Eingangstür schon aufgeschlossen. Ausgerüstet mit ihren neuen Detektivausweisen, einer großen Lupe, einem Fotoapparat und einem Notizblock schleichen sie ins Schulgebäude. Aufgeregt betreten sie den großen Eingangsbereich, in dem Leni gestohlen wurde. So menschenleer ist es dort sehr unheimlich.

Der Diebstahl

2

Jule und Jan schauen sich im Eingangsbereich der Schule genau um. Noch vor zwei Tagen stand mitten im Raum der Glaskasten mit Leni, dem Schulmaskottchen. Jetzt ist er leer. Jan nimmt seinen Fotoapparat und fotografiert den ausgeräumten Glaskasten. Im Anschluss daran schaut Jule mithilfe der Lupe, ob sie Fingerabdrücke entdecken kann. Aber leider können die Kinder nichts finden.
Plötzlich hören die beiden Hobbydetektive Stimmen. Schnell verstecken sie sich hinter einer Säule. Aus ihrem Versteck können sie beobachten, dass zwei Polizisten und Herr Krause, der Schulleiter, durch die Tür kommen. Die beiden Kinder verhalten sich mucksmäuschenstill. Trotzdem können sie nicht verstehen, was die drei Männer miteinander besprechen.

Hinweise zur Vorbereitung und Nutzung des Materials: siehe Seite 10.

Arbeitsanweisung auf CD

Aufgabenkarte 1

Was ist in der Schule passiert?

Wann gehen Jan und Jule auf die Suche?

Womit sind die beiden Kinder ausgerüstet?

Aufgabenkarte 2

Wo wurde Leni aufbewahrt?

Weshalb verstecken die beiden Kinder sich plötzlich?

Worüber reden die Männer?

Der Diebstahl

3

In Jules und Jans Schule passieren seltsame Dinge: Leni, das Schulmaskottchen, wurde gestohlen. Leni ist ein kleiner Stoffhase, der im Eingangsbereich der Schule in einem Glaskasten aufbewahrt wurde.
Jule und Jan wollen herausbekommen, wer das Plüschtier geklaut hat. Deshalb gehen die beiden Hobbydetektive einen Tag nach dem Diebstahl noch vor Unterrichtsbeginn zur Schule. Zum Glück hat der Hausmeister die große Eingangstür schon aufgeschlossen. Ausgerüstet mit ihren neuen Detektivausweisen, einer großen Lupe, einem Fotoapparat und einem Notizblock schleichen sie ins Schulgebäude. Aufgeregt betreten sie den großen Eingangsbereich, in dem Leni gestohlen wurde. So menschenleer ist es dort sehr unheimlich.

Der Diebstahl

4

Jule und Jan schauen sich im Eingangsbereich der Schule genau um. Noch vor zwei Tagen stand mitten im Raum der Glaskasten mit Leni, dem Schulmaskottchen. Jetzt ist er leer. Jan nimmt seinen Fotoapparat und fotografiert den ausgeräumten Glaskasten. Im Anschluss daran schaut Jule mithilfe der Lupe, ob sie Fingerabdrücke entdecken kann. Aber leider können die Kinder nichts finden.
Plötzlich hören die beiden Hobbydetektive Stimmen. Schnell verstecken sie sich hinter einer Säule. Aus ihrem Versteck können sie beobachten, dass zwei Polizisten und Herr Krause, der Schulleiter, durch die Tür kommen. Die beiden Kinder verhalten sich mucksmäuschenstill. Trotzdem können sie nicht verstehen, was die drei Männer miteinander besprechen.

Ines Bischoff/Manuela Frank: Wochenpläne – Klasse 3

Aufgabenkarte 3

Wer ist Leni?
- [ ] ein Pokal
- [ ] die Sekretärin
- [ ] das Maskottchen
- [ ] eine Katze

Was sind Jan und Jule in ihrer Freizeit?
- [ ] Pfadfinder
- [ ] Fußballspieler
- [ ] Detektive
- [ ] Schauspieler

Womit sind die beiden Kinder ausgerüstet?

Aufgabenkarte 4

Was fotografiert Jan?
- [ ] den Schulleiter
- [ ] Leni
- [ ] Jule
- [ ] den Tatort

Wer kommt plötzlich in den Eingangsbereich der Schule?
- [ ] der Schulleiter und die Sekretärin
- [ ] zwei Polizisten und der Schulleiter
- [ ] zwei Polizisten und der Hausmeister
- [ ] der Schulleiter und der Hausmeister

Worüber reden die Männer?

Der Diebstahl

5

Das Maskottchen Leni wurde gestohlen.
Jule und Jan gehen nach dem Diebstahl in die Schule.
Sie wollen dem Täter auf die Spur kommen.

Der Diebstahl

6

Jule sucht mit der Lupe nach Fingerabdrücken.
Plötzlich kommen zwei Polizisten und der Schulleiter.
Die beiden Kinder verstehen nicht, was die Männer besprechen.

Aufgabenkarte 5

Was ist in der Schule passiert?
- [ ] ein Unfall
- [ ] ein Diebstahl
- [ ] ein Überfall

Was wurde in der Schule gestohlen?
- [ ] ein Pokal
- [ ] das Maskottchen
- [ ] der Schulschlüssel

Wem wollen die Kinder auf die Spur kommen?
- [ ] der Sekretärin
- [ ] dem Täter
- [ ] dem Hausmeister

Aufgabenkarte 6

Was sucht Jule mit der Lupe?
- [ ] Fußabdrücke
- [ ] Fingerabdrücke

Wer kommt plötzlich herein?
- [ ] zwei Polizisten und der Schulleiter
- [ ] zwei Polizisten und die Sekretärin
- [ ] der Schulleiter und die Sekretärin

Verstehen die Kinder, was die Männer besprechen?
- [ ] ja
- [ ] nein

AB Falsche Wörter finden

1. Markiere die Wörter, die nichts mit Detektiven zu tun haben.
   Schreibe die markierten Wörter auf.

Dieb Tat Wurstbrötchen Lupe Detektiv Katze Polizei
Ermittlung Hausaufgaben Fingerabdruck Spur Raub

2. In den Sätzen haben sich falsche Wörter eingeschlichen.
   Male jeweils eine Lupe darüber.

3. Schreibe auf, wie die Sätze richtig heißen müssen.

Jule und Jan gehen seit der ersten Klasse gemeinsam in eine Brotdose.

Die Mutter frisiert Jule zu Hause, wie jeden Morgen, die Socken.

In dem Text sind einige falsche Wörter. Streiche diese Wörter durch.

Jule und Jan gehen einen Tag nach dem Diebstahl, ausgerüstet mit ihren neuen Ausweisen, einer großen Lupe, einer Luftmatratze, einem Fotoapparat und einem Notizblock, in die Schule.
Sie wollen dem witzigen Täter schnellstmöglich auf die Spur kommen.
Sie betreten laut schreiend den großen Eingangsbereich.
Zuerst schaut Jule mithilfe der Lupe, ob sie Fingerabdrücke und schmutzige Socken entdecken kann.
Plötzlich hören Julia und Jan viereckige Stimmen.
Durch die Tür kommen zwei Polizisten, ein Clown und der Schulleiter.

Vergleiche mit dem Lösungsblatt.

AB Falsche Wörter finden

1. Markiere die 3 Wörter, die nichts mit Detektiven zu tun haben.
   Schreibe die markierten Wörter auf.

Dieb Tat Wurstbrötchen Lupe Detektiv Katze Polizei
Ermittlung Hausaufgaben Fingerabdruck Spur Raub

2. In jedem Satz hat sich 1 falsches Wort eingeschlichen.
   Male jeweils eine Lupe darüber.

3. Schreibe auf, wie die Sätze richtig heißen müssen.

Jule und Jan gehen schon immer in eine Brotdose.

Die Mutter frisiert Jule morgens die Socken.

Streiche in den Sätzen die falschen Wörter durch.
In der Klammer steht jeweils die gesuchte Wörteranzahl.

Jule und Jan wollen dem witzigen Täter auf die Spur kommen. (1)

Zuerst fotografiert Jan mit dem Fotoapparat und der Butterdose den ausgeräumten Glaskasten. (3)

Aber leider können die schlafenden Kinder nichts finden. (1)

Plötzlich hören Jule und Jan viereckige Stimmen. (1)

Durch die Tür kommen zwei große Polizisten, ein Clown sowie der Schulleiter. (2)

Vergleiche mit dem Lösungsblatt.

AB Falsche Wörter finden

1. In jedem Satz ist 1 falsches Wort.
   Streiche es durch.

2. Schreibe die Sätze ohne die falschen Wörter auf.

Sie wollen dem witzigen Täter auf die Spur kommen.

Jan fotografiert hüpfend den leeren Glaskasten.

Leider können die schlafenden Kinder nichts finden.

Vergleiche mit dem Lösungsblatt.

Ines Bischoff/Manuela Frank: Wochenpläne – Klasse 3

M Materialvorlage: Leseröllchen

elaM ned beiD, red sad nehcttoksaM tualk.

elaM ned beiD, red hcis mi remmiznessalK retnu med hcsiT tkcetsrev.

elaM enie ellahnruT, ni red ierd redniK nenie kcurdbaßuF nednif.

elaM naJ dnu eluJ tim rerhi gnutsürsuavitketeD.

elaM eluJ, eid na red rüT ekcürdbaregniF tednif.

elaM ned beiD, red fua ned fohnesuaP tethcülf.

elaM ned beiD, red eid etueB fua med fohnesuaP tkcetsrev.

elaM naJ, red ned fohnesuaP treifargotof.

elaM ned beiD, red tlessefeg fua menie lhutS mi remmiznessalK tztis.

elaM iewz netsiziloP, eid ned beiD nerhüfba.

Hinweise zur Vorbereitung und Nutzung des Materials: siehe Seite 11.

Arbeitsanweisung auf CD

M Materialvorlage: Leseröllchen

Male den Dieb, der in das Schulgebäude schleicht.
Im Eingangsbereich der Schule ist der Glaskasten mit dem Maskottchen zu sehen.

Male den Dieb, der sich unter einem Tisch versteckt.
Der Tisch steht links im Klassenzimmer.

Male eine Turnhalle, in der drei Kinder mit einem Ball spielen.
Sie entdecken einen Fußabdruck.

Male Jan und Jule mit ihren Detektivausweisen und Notizblöcken.
Jan hat zusätzlich einen Fotoapparat und Jule eine Lupe.

Male Jule, die eine Tür mit der Lupe untersucht.
Sie findet neben der Türklinke einen Fingerabdruck.

Male den Dieb, der auf den Pausenhof flüchtet.
Er versteckt sich neben dem Fußballtor.

Male den Dieb, der die Beute auf dem Pausenhof versteckt.
Er legt Leni unter eine Treppe.

Male Jan, der den Pausenhof fotografiert.
Er steht neben dem Klettergerüst und hält seinen Fotoapparat hoch.

Male den Dieb, der gefesselt auf einem Stuhl sitzt.
Der Stuhl steht im Klassenzimmer neben der Tür.

Male zwei Polizisten, die den Dieb abführen.
Der Dieb trägt Handschellen.

M Materialvorlage: Leseröllchen

Male den Dieb mit einem langen, braunen Mantel.

Male Jule mit langen, blonden Haaren.

Male Jan mit einem gelben Pulli und einer blauen Jeans.

Male den Dieb, der einen braunen Sack trägt.

Male zwei Polizisten, die den Dieb festnehmen.

Male Jan mit braunen Haaren.

Male Jule mit einem roten Kleid.

Male den Dieb, der sich unter einem Tisch versteckt.

Male Jan, der einen Fotoapparat in der Hand hält.

Male Leni im Glaskasten.

1. Lies den Text.
2. Unterstreiche alle Informationen, die dir sagen, wie Leni und der Dieb aussehen.
3. Male für die Polizei Phantombilder von Leni und dem Dieb.

Diebstahl in der Schule

Am Dienstagmorgen wird an Jules und Jans Schule das Schulmaskottchen Leni geklaut. Hierbei handelt es sich um einen etwa 30 cm großen braunen Stoffhasen. Dieser trägt eine blaue Latzhose und grüne Schuhe sowie eine rote Mütze. Des Weiteren besitzt Leni zwei große Ohren sowie zwei kurze Arme und zwei kurze Beine.

Der entwischte Täter ist männlich und etwa 65 Jahre alt. Der Mann hat grau-schwarze Haare, ist etwa 1,85 m groß und hat die Schuhgröße 44. Er trägt eine hellbraune Mütze und einen dunkelbraunen Wintermantel sowie eine dunkelblaue Hose. In den Händen hielt der Dieb einen braunen Sack mit der Beute.

Wer diesen Mann gesehen oder Leni gefunden hat, möge sich bitte bei der örtlichen Polizei melden.

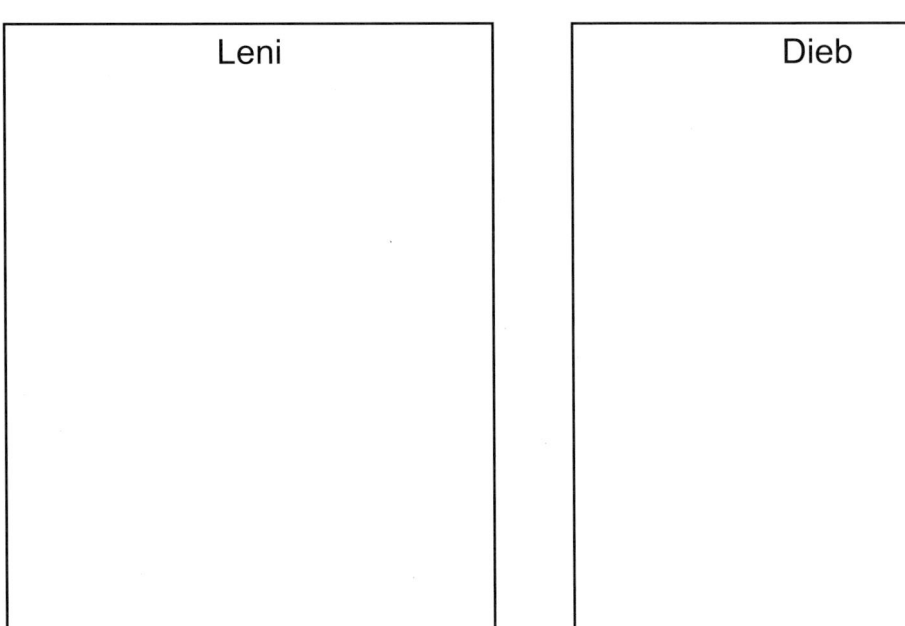

Leni	Dieb

AB Phantombilder

Male für die Polizei ein Bild von Leni.

Das geklaute Schulmaskottchen Leni sieht so aus:

brauner Stoffhase

blaue Latzhose

grüne Schuhe

rote Mütze

zwei große Ohren

zwei kurze Arme

zwei kurze Beine

Leni

Materialvorlage: Wörtermemo

Beute	Dieb	Maskottchen	Polizei
Tatort	Detektiv	Fotoapparat	Lupe
Fußabdruck	Polizei	Fingerabdruck	Raub
Spur	Detektivausweis	Notizblock	Ermittlung
Diebstahl	Versteck	Täter	Sack

Beute	Dieb	Maskottchen	Polizei
Tatort	Detektiv	Fotoapparat	Lupe
Fußabdruck	Polizei	Fingerabdruck	Raub
Spur	Detektivausweis	Notizblock	Ermittlung
Diebstahl	Versteck	Täter	Sack

Hinweise zur Vorbereitung und Nutzung des Materials: siehe Seite 11.

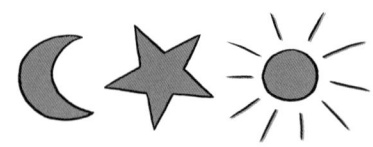

Arbeitsanweisung auf CD

Würfeldiktat

Arbeite mit einem Partner.

1. Würfelt mit zwei Würfeln und zählt die Punkte zusammen.
2. Schreibt den Satz mit der entsprechenden Zahl ab.
   Dies macht ihr mindestens 7 Mal.
3. Korrigiert eure Sätze gegenseitig.

2	In Jules und Jans Schule passieren geheimnisvolle Dinge.
3	Leni, das Schulmaskottchen, wurde gestohlen.
4	Leni ist ein kleiner Hase aus Plüsch.
5	Das Kuscheltier befand sich in einem Glaskasten.
6	Die Kinder möchten wissen, wer der Dieb ist.
7	Einen Tag nach dem Diebstahl gehen sie früh morgens in die Schule.
8	Jule und Jan sind als Detektive ausgerüstet.
9	Beide Kinder haben einen Detektivausweis und einen Notizblock dabei.
10	Jan fotografiert mit seinem Fotoapparat den Tatort.
11	Jule sucht mit einer Lupe nach Fingerabdrücken.
12	Plötzlich kommen zwei Polizisten und der Schulleiter.

Hinweise zur Vorbereitung und Nutzung des Materials: siehe Seite 12.

Würfeldiktat

1. Würfle mit 2 Würfeln und zähle die Punkte zusammen.
2. Schreibe den Satz mit der entsprechenden Zahl ab. Dies machst du 4 Mal.
3. Korrigiere deine Sätze.

2	In der Schule passieren Dinge.
3	Leni wurde gestohlen.
4	Leni ist ein Kuscheltier.
5	Leni war in einem Glaskasten.
6	Die Kinder suchen den Dieb.
7	Sie gehen früh morgens in die Schule.
8	Sie sind als Detektive ausgerüstet.
9	Beide haben einen Ausweis und einen Notizblock.
10	Jan fotografiert den Tatort.
11	Jule sucht nach Fingerabdrücken.
12	Zwei Polizisten und der Schulleiter kommen.

Knickdiktat

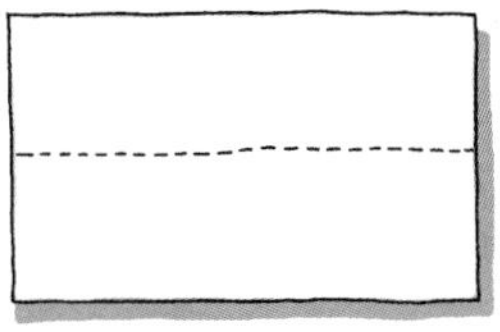

1. Lies den ersten Satz des Textes.
2. Knicke den Satz um und schreibe ihn auswendig auf.
   Mache dies so lange, bis du alle Sätze aufgeschrieben hast.
3. Kontrolliere mit dem Knickdiktat. Fehler verbesserst du bitte.

Nach einem aufregenden Schultag laufen Jule und Jan nach Hause.

Sie sehen einen Mann, der ihnen schon öfter auf dem Schulhof begegnet ist.

Ist er vielleicht der Dieb?

Was macht der Mann auf ihrem Schulgelände?

Wieso trägt er im Sommer einen Wintermantel?

Was befindet sich in den Taschen des Mantels?

Passen seine Schuhe zu dem Fußabdruck in der Turnhalle?

Die Kinder können es kaum noch erwarten, weiter zu ermitteln.

Hinweise zur Vorbereitung und Nutzung des Materials: siehe Seite 12.

Knickdiktat

1. Lies den ersten Satz.
2. Knicke den Satz um und schreibe ihn auf.
   Mache dies mit allen Sätzen.
3. Korrigiere deine Sätze.

Jule und Jan laufen nach Hause.

Ihnen begegnet ein Mann.

Ist er der Dieb?

Was macht er hier?

Wieso trägt er einen Wintermantel?

Was befindet sich in den Taschen?

Passen seine Schuhe zu dem Fußabdruck?

AB Meine Detektivgeschichte

1. Schreibe eine Geschichte über einen Detektiv.
   Beginne deine Sätze mit den Buchstaben des Wortes DETEKTIVGESCHICHTE.

D ______________________________

E ______________________________

T ______________________________

E ______________________________

K ______________________________

T ______________________________

I ______________________________

V ______________________________

G ______________________________

E ______________________________

S ______________________________

C ______________________________

H ______________________________

I ______________________________

C ______________________________

H ______________________________

T ______________________________

E ______________________________

2. Schreibe deine Geschichte auf ein Schmuckblatt.

> Tipp: Häufig handeln Detektivgeschichten von Einbrüchen, Dieben, Räubern, Polizisten, geklauten Dingen (wertvolle Schmuckstücke, Münzen, Bilder ...). Oft gibt es am Ende eine Festnahme.

AB

Meine Detektivgeschichte

1. Schreibe eine Geschichte über einen Detektiv.
   Beginne deine Sätze mit den Buchstaben des Wortes DETEKTIV.

D ______________________________

E ______________________________

T ______________________________

E ______________________________

K ______________________________

T ______________________________

I ______________________________

V ______________________________

2. Schreibe deine Geschichte auf ein Schmuckblatt.

Tipp: Häufig handeln Detektivgeschichten von Einbrüchen, Dieben, Räubern, Polizisten, geklauten Dingen (wertvolle Schmuckstücke, Münzen, Bilder ...). Oft gibt es am Ende eine Festnahme.

AB Meine Detektivgeschichte

1. Schreibe Sätze über einen Detektiv.
   Beginne die Sätze mit den Buchstaben des Wortes DIEB.

D Dienstags ______________________________

____

I ______________________________

____

E ______________________________

____

B ______________________________

____

2. Schreibe deine Sätze auf ein Schmuckblatt.

> Tipp: Detektiv-Wörter: Diebstahl, Einbruch, wertvolles Bild, wertvoller Ring, Tresor, Fingerabdruck, Polizei, Festnahme, Handschellen

M Materialvorlage: Geschichtenwürfel

Hinweise zur Vorbereitung und Nutzung des Materials: siehe Seite 9.

Arbeitsanweisung auf CD

Materialvorlage: Geschichtenwürfel

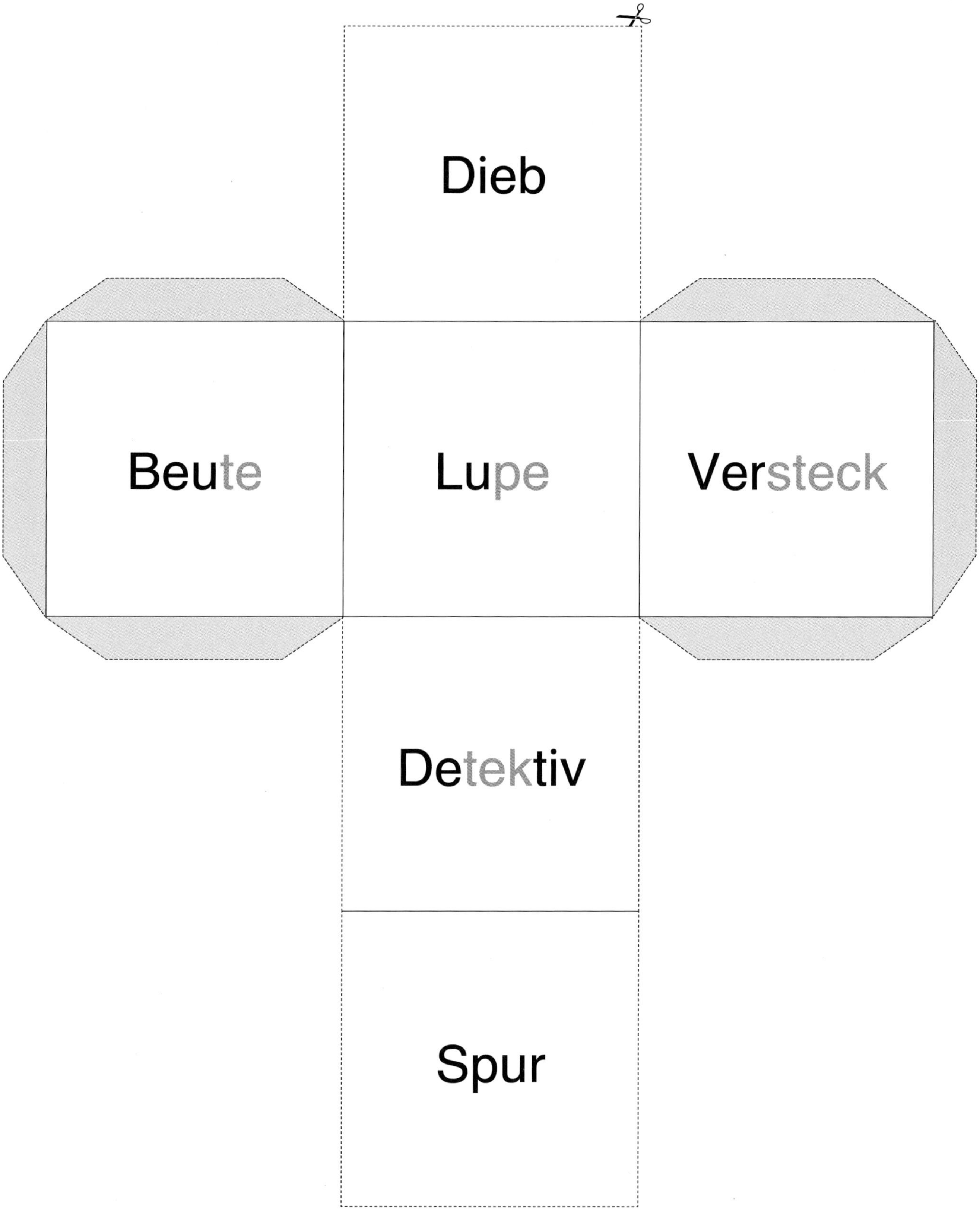

1. Lies den Text.
2. Unterstreiche alle Informationen, die dir sagen, wie der Dieb aussieht.
3. Schreibe für die Polizei einen Steckbrief von dem Dieb.

Diebstahl in der Schule

Am Dienstagmorgen wird an Jules und Jans Schule das Schulmaskottchen Leni geklaut.
Der entwischte Täter ist männlich und etwa 65 Jahre alt. Der Mann hat grau-schwarze Haare, ist etwa 1,85 m groß und hat die Schuhgröße 44.
Er trägt eine hellbraune Mütze und einen dunkelbraunen Wintermantel sowie eine dunkelblaue Hose. In den Händen hielt der Dieb einen braunen Sack mit der Beute.
Wer diesen Mann gesehen hat, möge sich bitte bei der örtlichen Polizei melden.

Steckbrief

Geschlecht: ______________________

Alter: ______________________

Haarfarbe: ______________________

Größe: ______________________

Schuhgröße: ______________________

Kleidung: ______________________

____

____

Besonderes: ______________________

Vergleiche mit dem Lösungsblatt.

Ines Bischoff / Manuela Frank: Wochenpläne – Klasse 3

1. Lies den Text.
2. Unterstreiche alle Informationen, die dir sagen, wie der Dieb aussieht.
3. Schreibe für die Polizei einen Steckbrief von dem Dieb.

Diebstahl in der Schule

Am Dienstagmorgen wird an Jules und Jans Schule das Schulmaskottchen Leni geklaut.
Der entwischte Täter ist männlich und etwa 65 Jahre alt. Der Mann hat grau-schwarze Haare, ist etwa 1,85 m groß und hat die Schuhgröße 44. Er trägt eine hellbraune Mütze und einen dunkelbraunen Wintermantel sowie eine dunkelblaue Hose. In den Händen hielt der Dieb einen braunen Sack mit der Beute.
Wer diesen Mann gesehen hat, möge sich bitte bei der örtlichen Polizei melden.

Steckbrief

Mann/Frau: ______________________

Alter: ______________________

Haarfarbe: ______________________

Größe: ______________________

Schuhgröße: ______________________

Mütze: ______________________

Mantel: ______________________

Hose: ______________________

Was hielt er in den Händen? ______________________

Vergleiche mit dem Lösungsblatt.

AB Detektivgedicht (Haiku)

Schreibe dein eigenes Haiku.

Wie?

Form:	Beispiel:
1. Zeile: 5 Silben 2. Zeile: 7 Silben 3. Zeile: 5 Silben	Der Dieb ist entwischt. Der Detektiv findet mit der Lupe Spuren. 

1. Schreibe ein Haiku zum Thema Detektiv.

____

____

____

2. Kontrolliere mit dem Wörterbuch, ob du die Wörter richtig geschrieben hast.

AB Im Versteck der Diebe

Nach einer langen Suche und dem Verfolgen zahlreicher Spuren finden Jule und Jan schließlich das Versteck der Diebe. Dort finden sie nicht nur Leni, sondern das Diebesgut von zahlreichen anderen Einbrüchen. Die beiden Hobbydetektive informieren sofort die Polizei.

1. Hier haben die Diebe ihre Beute versteckt
   Umkreise die 6 Wörter.

T	E	R	C	V	S	P	A	R	B	U	C	H	P
A	B	H	U	J	K	N	R	T	S	C	D	S	A
S	O	U	P	M	B	N	P	C	H	R	L	D	W
C	U	J	L	G	F	V	O	U	Z	T	E	B	C
H	P	M	N	I	A	R	K	F	D	A	N	S	R
E	O	M	D	I	A	M	A	N	T	R	I	N	G
N	K	L	O	G	F	R	L	C	H	R	T	V	F
U	U	Z	T	C	H	V	B	N	U	T	S	E	A
H	T	I	O	N	L	K	C	F	R	P	M	N	E
R	T	P	E	R	L	E	N	K	E	T	T	E	M

2. Bilde Sätze mit den Wörtern.

① ______________________________

② ______________________________

③ ______________________________

④ ______________________________

⑤ ______________________________

⑥ ______________________________

Vergleiche mit dem Lösungsblatt.

AB Wörter nach dem Abc ordnen

Bei Jule und Jan sind ganz viele Wörter durcheinandergeraten. Kannst du ihnen dabei helfen, die Wörter nach dem Alphabet zu sortieren?

Detektiv, Lupe, Gefahr, Fingerabdruck, Telefon, Spur, Ausweis, Fall, Lösung, Geheimnis, Verfolgungsjagd, Fußabdruck

1. Markiere mit einem Buntstift den Anfangsbuchstaben.
2. Schreibe die Wörter mit Artikel (Begleiter) nach dem Abc geordnet auf.

① ______________________	⑦ ______________________
② ______________________	⑧ ______________________
③ ______________________	⑨ ______________________
④ ______________________	⑩ ______________________
⑤ ______________________	⑪ ______________________
⑥ ______________________	⑫ ______________________

Vergleiche mit dem Lösungsblatt.

Tipp: Haben zwei Wörter den gleichen Anfangsbuchstaben, musst du auf den zweiten Buchstaben achten. Welcher steht zuerst im Alphabet (z. B.: W**a**... vor W**i**...)? Ist auch der zweite Buchstabe gleich, musst du auf den dritten Buchstaben achten usw.

AB Wörter nach dem Abc ordnen

1. Ergänze den Artikel (Begleiter).

der Detektiv

_______ Ausweis

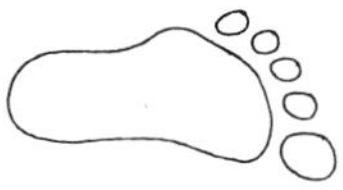

_______ Fußabdruck

_______ Lupe

_______ Polizist

_______ Spur

_______ Notizblock

_______ Fingerabdruck

Ordne nach dem Abc.

① der Ausweis

② _______________

③ _______________

④ _______________

⑤ _______________

⑥ _______________

⑦ _______________

⑧ _______________

Vergleiche mit dem Lösungsblatt.

Tipp: Haben Wörter den gleichen Anfangsbuchstaben, musst du auf den zweiten Buchstaben achten. Welcher steht zuerst im Alphabet (z. B.: **Wa**... vor **Wi**...)?

Start 	**Ausweis**
Detektiv	**Dieb**
Einbruch	**Fingerabdruck**
Fotoapparat	**Fußabdruck**
Glaskasten	**Jan**

Hinweise zur Vorbereitung und Nutzung des Materials: siehe Seite 8.

Arbeitsanweisung auf CD

Jule	Kuscheltier
Leni	Lupe
Mantel	Maskottchen
Notizblock	Polizist
Schulhof	Turnhalle
Versteck	Ende

Materialvorlage: Domino Abc

Start 	Ausweis
Detektiv	Dieb
Einbruch	Fingerabdruck
Fotoapparat	Glaskasten
Jan	Jule

Kuscheltier	Leni
Lupe	Maskottchen
Notizblock	Polizist
Schulhof	Turnhalle
Versteck	Ende

AB Wörtliche Rede

Die **wörtliche Rede** endet mit einem Punkt, Ausrufezeichen oder Fragezeichen.
Am Anfang und am Ende der wörtlichen Rede stehen Anführungszeichen.

Jule und Jan unterhalten sich mittags mit ihrer Mutter über den Diebstahl an ihrer Schule.
Was könnte die Mutter fragen?
Was könnten Jule und Jan antworten?

Ergänze die wörtliche Rede.
Denke an die Anführungszeichen!

Jule und Jan rufen: „Hallo Mama, du kannst dir nicht vorstellen, was heute in der Schule passiert ist!“

Die Mutter fragt: „Hallo Kinder, ihr seid ja ganz aufgeregt. Was war denn los?“

Jule entgegnet: ______________________________

____

Die Mutter möchte wissen: ______________________________

____

Jan antwortet: ______________________________

____

Die Mutter fragt: ______________________________

____

Die Kinder sagen: ______________________________

____

Die Mutter möchte wissen: „Was wollt ihr denn nun tun?“

Jule und Jan meinen: „Wir werden den Dieb suchen und dann kommt Leni wieder als Maskottchen in unsere Schule!“

Vergleiche mit dem Lösungsblatt.

AB Wörtliche Rede

Am Anfang und am Ende der **wörtlichen Rede** stehen Anführungszeichen.
Vor der wörtlichen Rede steht oft ein **Redebegleitsatz**.

Unterstreiche den Redebegleitsatz und die wörtliche Rede unterschiedlich.

Jule sagt auf dem Heimweg zu Jan: „Das war aber eine Aufregung heute Morgen."

Jan antwortet: „So etwas kam ja noch nie vor!"

Jule fragt: „Meinst du, dass die Polizei den Täter schnappen wird?"

Jan ruft: „Ich weiß nicht so genau. Ich habe aber eine Idee."

Jule meint: „Welche Idee?"

Jan flüstert: „Wir sollten uns selbst auf die Suche nach dem Täter machen."

Jule murmelt vor sich hin: „Warum bin ich darauf nicht selbst gekommen?"

Jan wispert: „Lass uns gleich morgen früh damit beginnen."

Jule erwidert: „Ich bin dabei."

Vergleiche mit dem Lösungsblatt.

AB **Wortfelder**

Zu einem **Wortfeld** gehören Wörter, die eine ähnliche Bedeutung haben.
Texte klingen besser, wenn man mehrere Wörter eines Wortfeldes verwendet.

1. Ersetze ***sagen*** durch treffendere Verben.

Nur 6 der folgenden Verben gehören in den Text:

plaudern | erklären | schimpfen | schreien | flüstern | stottern | antworten | fragen | beschließen | brüllen | meinen | klagen | jammern

Jule und Jan suchen früh morgens in der Schule nach Spuren. Plötzlich kommen zwei Polizisten und der Schulleiter. Schnell verstecken sich die Kinder.

Der Schulleiter zeigt den Polizisten den kaputten Glaskasten und ~~sagt~~ __________:

„Hier haben wir unser Maskottchen Leni aufbewahrt. Gestern war sie noch da."

Die beiden Hobbydetektive verhalten sich ganz still und beobachten die Männer.

Jule ~~sagt~~ ____________: „Meinst du, sie haben uns gesehen?"

Jan ~~sagt~~ _____________: „Nein, ich glaube nicht."

Die Männer unterhalten sich leise.

„Kannst du verstehen, was sie sagen?", ~~sagt~~ _______ Jule.

„Nein, leider nicht", ~~sagt~~ _______ Jan.

„Wir sollten uns aus dem Schulgebäude schleichen, bevor sie uns noch entdecken",

~~sagen~~ ________________ die Kinder.

Vergleiche mit dem Lösungsblatt.

AB Wortfelder

Zu einem **Wortfeld** gehören Wörter, die eine ähnliche Bedeutung haben.
Texte klingen besser, wenn man mehrere Wörter eines Wortfeldes verwendet.

1. Ersetze ***sagen*** durch treffendere Verben.
Die Geheimschrift hilft dir dabei. (sagen = ☐☐☐☐☐)

Nur 6 der folgenden Verben gehören in den Text:

plaudern | erklären | schimpfen | schreien | flüstern | stottern | antworten | fragen | beschließen | brüllen | meinen | klagen | jammern

Jule und Jan suchen früh morgens in der Schule nach Spuren. Plötzlich kommen zwei Polizisten und der Schulleiter. Schnell verstecken sich die Kinder.

Der Schulleiter zeigt den Polizisten den kaputten Glaskasten und ~~sagt~~ ☐☐☐☐☐☐☐: „Hier haben wir unser Maskottchen Leni aufbewahrt. Gestern war sie noch da."

Die beiden Hobbydetektive verhalten sich ganz still und beobachten die Männer.

Jule ~~sagt~~ ☐☐☐☐☐☐☐☐: „Meinst du, sie haben uns gesehen?"

Jan ~~sagt~~ ☐☐☐☐☐☐☐☐☐: „Nein, ich glaube nicht."

Die Männer unterhalten sich leise.

„Kannst du verstehen, was sie sagen?", ~~sagt~~ ☐☐☐☐☐ Jule.

„Nein, leider nicht", ~~sagt~~ ☐☐☐☐☐ Jan.

„Wir sollten uns aus dem Schulgebäude schleichen, bevor sie uns noch entdecken", ~~sagen~~ ☐☐☐☐☐☐☐☐☐☐☐ die Kinder.

Vergleiche mit dem Lösungsblatt.

Inhalt

Bereich	Aufgabe	Schwierigkeit	Seite
Lesen	Lesekarten Nr. 1–6	3, 2, 1	104–109
	AB: Mein Vamperlbild	3, 2, 1	110–112
	AB: Das Vamperl	3, 2	113–114
	Klammerkarten	3, 2, 1	115–117
	Leselotto	3, 2	118–120
Schreiben	Abschreibkarten	3, 2, 1	121–122
	AB: Diktat (Lupendiktat)	3, 2, 1	123–125
	AB: Meine Vamperlgeschichte (Bild-/Reizwortgeschichte)	3, 2, 1	126–131
	AB: Vamperlgedicht (Reim, Avenidas)	3, 2	132–133
Sprache	AB: Das Subjekt	3, 2, 1	134–136
	AB: Das Prädikat	3, 2, 1	137–139
	AB: Den Satzgliedern auf der Spur	3, 2, 1	140–142
	Stöpselkarten (Satzglieder)	3, 2, 1	143–145
Zusatzaufgaben	Diktat (Lauf-/Blitzdiktat)	3, 2, 1	
	AB: Meine Vamperlgeschichte (Anfang/Ende)	3, 2, 1	
	AB: Mein Vamperlbild	1	
	Lesespiel	3/2	
	AB: Den Satzgliedern auf der Spur	3/2	
	AB: Vamperlrätsel	3/2	
	AB: Vamperlsuchsel	2/1	
	Bastelanleitung Fledermausnotiztafel	3/2/1	

Differenzierungen:

Schwierigkeitsstufe 3 = Mond

Schwierigkeitsstufe 2 = Stern

Schwierigkeitsstufe 1 = Sonne

Wochenplan: Das Vamperl 

für ______________________________ (Name) von ______________ (Datum) bis ______________ (Datum)

		erledigt ☑
Lesen 	Lesekarte Nr.: _____ _____	
	AB: Mein Vamperlbild	
	AB: Das Vamperl	
	Klammerkarten	
	Leselotto	

Schreiben 	Abschreibkarte	
	Diktat	
	AB: Meine Vamperlgeschichte	
	AB: Vamperlgedicht	

Sprache 	AB: Das Subjekt	
	AB: Das Prädikat	
	AB: Den Satzgliedern auf der Spur	
	Stöpselkarte	

Zusatzaufgaben 	Diktat	
	AB: Meine Vamperlgeschichte	
	AB: Mein Vamperlbild	
	Lesespiel	
	AB: Den Satzgliedern auf der Spur	
	AB: Vamperlrätsel	
	AB: Vampersuchsel	
	Bastelanleitung Fledermausnotiztafel	

Fledermäuse

1

Fledermäuse sind Säugetiere wie wir: Sie können zwar fliegen, haben aber mit den Menschen mehr gemeinsam als mit den Vögeln.
Die Tiere bringen lebende Junge zur Welt, die Mütter säugen ihre Jungen (ernähren sie mit Muttermilch), der Körper ist dicht behaart und auch sonst haben sie alles, was ein „echtes Säugetier“ ausmacht.
Fledermäuse sind allerdings die einzigen Säugetiere, die aktiv fliegen können (also selbst, mit ihrer eigenen Muskelkraft).
Fledermäuse sind nach den Nagetieren die artenreichste Säugetiergruppe: Weltweit gibt es fast 1000 verschiedene Fledermausarten.
Die meisten davon leben allerdings in tropischen Gebieten.
Ungefähr 37 verschiedene Fledermausarten leben in Europa.

Nahrung

2

Erwachsene Fledermäuse ernähren sich ausschließlich von Insekten.
Die kleinste heimische Fledermaus, die *Zwergfledermaus*, frisst am liebsten Mücken und kleinere Nachtfalter.
Die größte heimische Fledermaus, das *Große Mausohr*, jagt dagegen große Lauf- oder sogar Maikäfer.
In anderen Teilen der Welt ernähren sich Fledermäuse ebenfalls von Insekten, aber auch von Fröschen, Mäusen und Fischen sowie von Früchten, Nektar und von Blut.
Die blutfressenden Fledermäuse (Vampire) kommen nur in Mittel- und Südamerika vor.
Sie saugen das Blut nicht aus, sondern ritzen den „Blutspender“ mit ihren scharfen Zähnen an und lecken das herausströmende Blut aus der Wunde.

Hinweise zur Vorbereitung und Nutzung des Materials: siehe Seite 10.

Arbeitsanweisung auf CD

Aufgabenkarte 1

Zu welcher Tiergruppe gehören Fledermäuse?

___

Was können nur Fledermäuse im Vergleich zu anderen Säugetieren?

___

Wie viele verschiedene Fledermausarten gibt es?

___

Wie viele Arten leben in Europa?

___

Aufgabenkarte 2

Wovon ernähren sich erwachsene Fledermäuse?

___

Was essen die *Zwergfledermaus* und das *Große Mausohr* am liebsten?

___

___

Was fressen Fledermäuse in anderen Teilen der Welt?

___

___

Wo leben Vampire?

___

Wie „fressen“ die Blutsauger ihre Nahrung?

___

Orientierung

3

Fledermäuse sind meistens nachts unterwegs: Hierbei nützen ihnen ihre Augen nicht viel.
Sie bedienen sich deshalb eines Echo-Orientierungs-Systems, welches mit Ultraschall funktioniert. Dieser ist so hoch, dass wir ihn mit unseren Menschenohren nicht hören können.
Mithilfe dieses Systems können sie Nahrung und Hindernisse ausfindig machen und sogar deren Entfernung abschätzen.
Der Ultraschall wird von der Fledermaus in regelmäßigen Abständen ausgestoßen. Trifft er auf mögliche Nahrung oder einen Gegenstand, wird er als Echo zurückgeworfen. Sobald die Fledermaus das Echo hört, weiß sie, dass sie darauf zusteuern kann oder ausweichen muss.

Lebensraum

4

Der Lebensraum der Fledermäuse kann von Art zu Art und je nach Jahreszeit sehr unterschiedlich sein.
Im Sommer bewohnen sie die Dachböden von Kirchen und anderen Gebäuden. Viele Fledermäuse verstecken sich auch in Spalten an verschiedenen Häusern: direkt hinter Wandverschalungen, im Zwischendach oder einfach hinter Fensterläden.
Andere Fledermausarten wiederum bewohnen Baumhöhlen (verlassene Spechthöhlen oder Höhlen in faulen Bäumen).
Manche der Tiere verbringen auch den Winter in diesen Baumhöhlen.
Die meisten Fledermausarten verbringen die kalte Jahreszeit allerdings in Höhlen oder Stollen.

Aufgabenkarte

3

Wann sind Fledermäuse meistens unterwegs?

Wie orientieren sie sich?

Wie funktioniert das Echo-Orientierungs-System?

Aufgabenkarte

4

Wo wohnen Fledermäuse im Sommer?

Wo verstecken sie sich gerne?

Wo verbringen Fledermäuse den Winter?

Nachwuchs

5

Fledermäuse werden nackt und blind geboren.
Sie sind zunächst völlig auf die Wärme und Milch der Mutter angewiesen.
Nach drei Tagen ist eine Zwergfledermaus nur einen Zentimeter groß.
Mit etwa 6 Wochen kann das Junge selbst fliegen und jagen.

Aussehen

6

Schau dir mal deine Hände und Arme an!
Ober- und Unterarm einer Fledermaus sehen sehr ähnlich aus.
Die Mittelhandknochen und die Finger sind mit Ausnahme des Daumens dagegen stark verlängert.
Zwischen Fingern, Armen, Körper und Beinen ist die Flughaut aufgespannt.
Oft haben Fledermäuse komische Nasenaufsätze und sehr große Ohren.

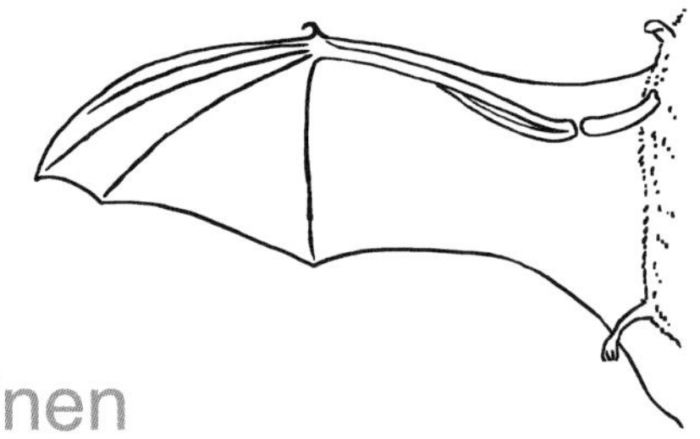

Aufgabenkarte

5

Wie werden Fledermäuse geboren?

Auf was ist das Junge angewiesen?

Wie groß ist es nach drei Tagen?

Wann kann es selbst fliegen?

Aufgabenkarte

6

Male eine Fledermaus.

AB Mein Vamperlbild

1. Lies den Text.
2. Unterstreiche alle Informationen, die dir sagen, wie du das Bild anmalen sollst.
3. Male das Vamperlbild richtig an.

Frau Lizzi steht vor einem braunen Holzschrank mit aufgemalten roten Rosen. Der Staubsauger daneben ist grün und schwarz. In der einen Hand hält sie das graue Vamperl, in der anderen Hand ein Milchfläschchen mit einem rosa Sauger. Frau Lizzi trägt ein blaues Kleid mit gelben Punkten. Im Wohnzimmer steht ein roter Tisch mit einer Obstschale darauf. Darin befinden sich: eine gelbe Banane, zwei rote Äpfel, grüne Trauben und lila Pflaumen. Die um den Tisch stehenden Stühle sind ebenfalls rot und auf jedem Stuhl liegt ein grünes Kissen. Der Teppichboden ist blau.

AB Mein Vamperlbild

1. Lies den Text.
2. Unterstreiche alle Informationen, die dir sagen, wie du das Bild anmalen sollst.
3. Male das Vamperlbild richtig an.

<u>Bildbeschreibung:</u>

Das Vamperl sitzt auf einem braunen Holzbett. Es sieht fröhlich aus. Die Bettbezüge sind blau und rot gestreift. Neben dem Bett steht ein grüner Nachttisch mit einer blauen Lampe und einer schwarzen Schüssel mit Obst. Das Vamperl hält eine gelbe Banane in der Hand. Vor dem Bett stehen zwei rosa Hausschuhe mit grünen Punkten. Daneben liegt ein bunter Ball. Auf dem Boden befindet sich ein blauer Teppich mit einer gelben Sonne in der Mitte.

AB Mein Vamperlbild

Das Vamperl sitzt mit Frau Lizzi auf einer Wiese mit vielen bunten Blumen.

Male das Vamperl und Frau Lizzi auf der Blumenwiese.

Ines Bischoff / Manuela Frank: Wochenpläne – Klasse 3

AB Das Vamperl

1. Lies den Text.

Die Autorin Renate Welsch hat viele Kinder- und Jugendbücher geschrieben. Sehr bekannt sind ihre Geschichten über das Vamperl, einen kleinen Vampir, der zur Gattung der Fledermäuse gehört. Die Bilder des Buches wurden von dem Illustrator Heribert Schulmeyer gemalt. In der Geschichte lebt das Vamperl bei Frau Lizzi und hat eine ganz besondere Eigenschaft. Es ernährt sich nämlich nicht wie andere Vampire von Blut, sondern von der giftigen Galle schimpfender, streitender oder böser Menschen beziehungsweise Lebewesen und sorgt damit wieder für Frieden und Zufriedenheit. Als ein Professor diese besondere Gabe entdeckt, möchte er das Vamperl zu wissenschaftlichen Zwecken untersuchen. Frau Lizzi bemerkt aber schnell, wie sehr der kleine Vampir bei dem Professor leidet und befreit ihn. Daheim pflegt sie das Vamperl wieder gesund. Später macht es sich auf die Suche nach weiteren Artgenossen und findet schließlich in Transsilvanien seine Frau Vamperlina.

2. Kreuze die richtigen Antworten an und schreibe Antwortsätze.

Zu welcher Tierart gehört das Vamperl?

☐ Raubvögel ☐ Fledermäuse ☐ Echsen

Wer interessiert sich besonders für das Vamperl?

☐ ein Professor ☐ ein Lehrer ☐ ein Kind

Wovon ernährt sich das Vamperl?

Was bewirkt die besondere Ernährung des Vamperls?

Vergleiche mit dem Lösungsblatt.

AB Das Vamperl

1. Lies den Text.

Die Autorin Renate Welsch hat viele Kinder- und Jugendbücher geschrieben. Sehr bekannt sind ihre Geschichten über das Vamperl, einen kleinen Vampir, der zur Gattung der Fledermäuse gehört. Die Bilder des Buches wurden von dem Illustrator Heribert Schulmeyer gemalt. In der Geschichte lebt das Vamperl bei Frau Lizzi und hat eine ganz besondere Eigenschaft. Es ernährt sich nämlich nicht wie andere Vampire von Blut, sondern von der giftigen Galle schimpfender, streitender oder böser Menschen beziehungsweise Lebewesen und sorgt damit wieder für Frieden und Zufriedenheit. Als ein Professor diese besondere Gabe entdeckt, möchte er das Vamperl zu wissenschaftlichen Zwecken untersuchen. Frau Lizzi bemerkt aber schnell, wie sehr der kleine Vampir bei dem Professor leidet und befreit ihn. Daheim pflegt sie das Vamperl wieder gesund. Später macht es sich auf die Suche nach weiteren Artgenossen und findet schließlich in Transsilvanien seine Frau Vamperlina.

2. Kreuze die richtigen Antworten an.

Zu welcher Tierart gehört das Vamperl?

☐ Raubvögel ☐ Fledermäuse ☐ Echsen

Was frisst das Vamperl besonders gerne?

☐ süße Marmelade ☐ frisches Blut ☐ giftige Galle

Wer interessiert sich besonders für das Vamperl?

☐ ein Professor ☐ ein Lehrer ☐ ein Kind

Wo findet das Vamperl seine Frau?

☐ Transsibirien ☐ Transsilvanien ☐ Transmitter

Wie heißt die Frau vom Vamperl?

☐ Vampira ☐ Vamparlina ☐ Vamperlina

Wo wohnt das Vamperl?

☐ bei Frau Lizzi ☐ bei Herrn Lizzi ☐ bei Frau Lotti

☑ Vergleiche mit dem Lösungsblatt.

Hinweise zur Vorbereitung und Nutzung des Materials: siehe Seite 9.
Arbeitsanweisung auf CD

Klammerkarte

Was weißt du über Fledermäuse?

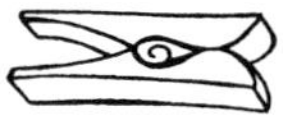

□ **richtig**

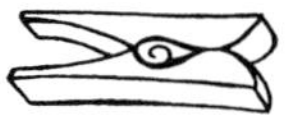

■ **falsch**

Bitte umknicken

Fledermäuse gehören zu den Reptilien.		■
Fledermäuse ernähren sich von Insekten.		□
Fledermäuse bringen lebende Junge zur Welt.		□
Fledermäuse findet man besonders häufig in der Antarktis.		■
Fledermäuse sind meist nachts aktiv und schlafen tagsüber.		□
Die blutfressenden Vampire leben in Europa.		■
In kühleren Gebieten halten sie sich gerne in geschützten Höhlen oder Felsspalten auf und halten dort ihren Winterschlaf.		□
Fledermäuse können – anders als wir Menschen – Ultraschalllaute hören.		□
Mit etwa 6 Wochen können Fledermäuse fliegen.		□
Fledermäuse können gut sehen		■
Durch ihr Echo-Orientierungs-System können sie sich gut im Dunkeln zurechtfinden		□
Die größte heimische Fledermausart ist das *Große Mausohr*.		□
Fledermäuse kommen nackt und blind auf die Welt.		□

Klammerkarte

Was weißt du über das Vamperl?

richtig falsch

Bitte umknicken

Das Vamperl ist ein süßer, kleiner Hund.		
Es ernährt sich von giftiger Galle.		
Das Vamperl lebt bei Frau Lizzi.		
Besonders gerne verbringt das Vamperl seine Zeit im Krankenhaus.		
Die Frau des Vamperls heißt Vamperlina.		
Das Vamperl lebt bei Frau Luzy.		
Ein Professor möchte das Vamperl für seine Wissenschaft einsetzen.		
Renate Welsch hat sich die Geschichte vom Vamperl ausgedacht.		
Die Frau des Vamperls kommt aus Transsilvanien.		
Das Vamperl trinkt manchmal Blut.		
Frau Lizzi befreit das Vamperl aus dem Krankenhaus.		

Klammerkarte

Was weißt du über das Vamperl?

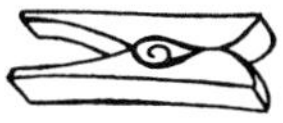 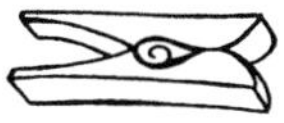

☐ **richtig** ■ **falsch**

Bitte umknicken

	das Vamperl		■
	Frau Lizzi		☐
	das Vamperl		☐
	Vamperls Lieblingsgetränk		■
	der Professor		☐
	Regina Welsch		☐
	der Krankenwagen		☐
	Vamperl und Vamperlina		☐

Materialvorlage: Leselotto (Tafel)

Hinweise zur Vorbereitung und Nutzung des Materials: siehe Seite 10.

Arbeitsanweisung auf CD

1. Lies die Sätze genau.
2. Lege jedes Bild an die beschriebene Stelle.

Vergleiche mit dem Lösungsblatt.

Materialvorlage: Leselotto (Bildkarten)

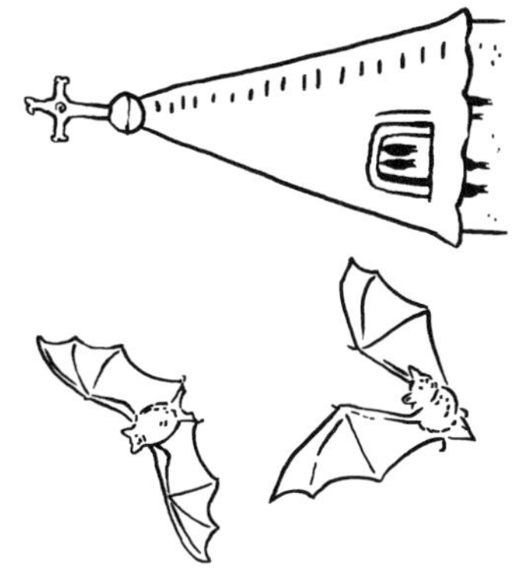
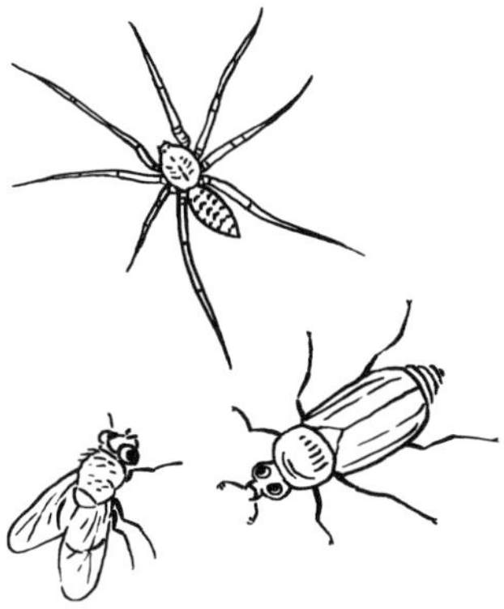

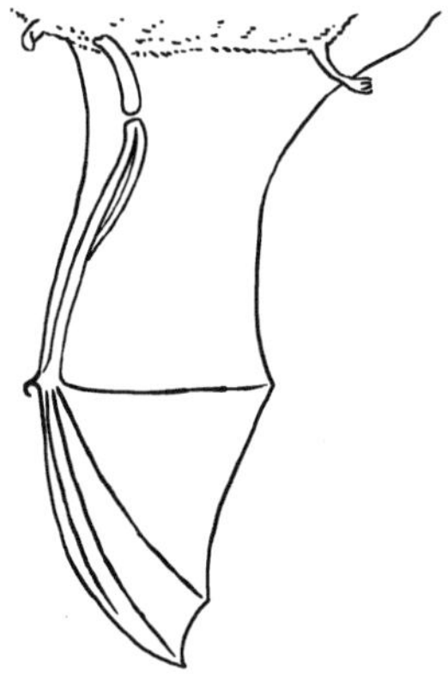

Leselotto Hinweise

1	Das Vamperl wird im Buch als Vampir bezeichnet, gehört aber eigentlich zur Gattung der Fledermäuse. Das Bild vom Vamperl wird auf das gleiche Bild der Vorlage gelegt.
2	Das Bild der Fledermaus, welche auf der Suche nach Beute hinter einer Mücke herfliegt, legst du auf die untere, linke Ecke.
3	Die Fledermaus hat sich kopfüber an einen Ast gehängt, um sich auszuruhen. Sie hat es sich unter dem Bild vom Vamperl bequem gemacht.
4	Als kleinste Fledermausart gilt die Schweinsnasenfledermaus. Sie ist nur so groß wie eine Hummel. Damit man sieht, wie klein sie ist, fliegt sie mit einer Hummel links neben dem Kirchturm auf ihre Verwandten zu.
5	Über dem Vamperl findest du die Abbildung, die dir zeigt, wie ein Fledermausflügel aussieht.
6	Rechts neben der Abbildung eines Fledermausohrs liegt das Bild der Fledermausmutter mit ihrem Baby.
7	Die Fledermäuse sind nachtaktiv. Das bedeutet, dass sie meist in der Dämmerung oder in der Nacht auf Nahrungssuche gehen und tagsüber schlafen. Hier fliegt eine Fledermaus links neben dem Vamperl durch die Nacht.
8	Diese Fledermaus hat sich den Kirchturm als geschütztes Versteck ausgesucht. Sie fliegt über den Insekten.
9	Rechts neben dem Vamperl fliegen drei Fledermäuse in einer Gruppe zu einer Höhle.
10	Fledermäuse haben trichterförmige Ohren. Damit können sie die Richtung des Echos besser Orten. Lege die Abbildung des Fledermausohrs unter das Bild der drei Fledermäuse, die zur Höhle fliegen.
11	Über der Fledermausmutter mit ihrem Kind findest du verschiedene Insekten, welche die Fledermaus gerne frisst.
12	Zu den Feinden der Fledermäuse gehören Katzen, Greifvögel und Eulen. In die erste Reihe ganz links legst du das Bild der Fledermaus, die von einer Eule verfolgt wird.

Die Fledermaus

Viele Menschen denken, die Fledermäuse wären mit den Vögeln verwandt, da sie fliegen können. Doch sie haben mehr mit dem Menschen als mit den Vögeln gemeinsam, denn sie gehören zu den Säugetieren. Sie legen keine Eier, sondern bringen lebende, dicht behaarte Junge zur Welt, die von der Mutter gesäugt werden.

Die Fledermaus

Die Fledermaus kann zwar fliegen wie die Vögel, gehört aber zu den Säugetieren. Sie legt keine Eier, sondern bringt lebende, behaarte Junge zur Welt, die zunächst Milch bei der Mutter trinken.

Hinweise zur Vorbereitung und Nutzung des Materials: siehe Seite 8.

Arbeitsanweisung auf CD

Die
Fledermaus

Die Fledermaus ist
ein Säugetier.
Sie bringt lebende Junge
auf die Welt.

Ines Bischoff/Manuela Frank: Wochenpläne – Klasse 3

AB Lupendiktat

1. Du brauchst eine Lupe.
2. Lies das Diktat mithilfe der Lupe.
   Lege die Lupe weg.
3. Schreibe das Gelesene Satz für Satz auswendig auf.
   (Ohne dabei auf den Text zu schauen!)

Das Vamperl

Das Vamperl ist ein kleiner Vampir, der kein Blut mag.

Sein Lieblingsgetränk ist giftige Galle.

Als Frau Lizzi von ihrer Kur heimkehrt, will sie ihre Wohnung putzen.

Da findet sie in einem Spinnennetz das fast verhungerte Vamperl.

Sie pflegt es gesund und erlebt viele lustige Abenteuer mit ihm.

Vergleiche mit dem Lösungsblatt.

AB Lupendiktat

1. Du brauchst eine Lupe.
2. Lies das Diktat mithilfe der Lupe.
   Lege die Lupe weg.
3. Schreibe das Gelesene Satz für Satz auswendig auf.
   (Ohne dabei auf den Text zu schauen!)

Das Vamperl

Das Vamperl ist ein kleiner Vampir, der kein Blut mag.

Es ernährt sich von giftiger Galle.

Als Frau Lizzi von ihrer Kur heimkehrt, findet sie in einem Spinnennetz das Vamperl.

Sie pflegt es gesund und erlebt viele lustige Abenteuer mit ihm.

Vergleiche mit dem Lösungsblatt.

AB Lupendiktat

1. Hole eine Lupe.
2. Lies damit die Wörter.
3. Schreibe sie auswendig auf.

das Vamperl
ein Vampir
die giftige Galle
das Spinnennetz
ein Professor
das Krankenhaus
die Fledermaus

Vergleiche mit dem Lösungsblatt.

AB Meine Vamperlgeschichte

1. Erfinde eine Vamperlgeschichte, die zum Bild passt.
   Überlege dir eine interessante Einleitung, einen spannenden Hauptteil und einen schönen Schluss.

2. Finde eine passende Überschrift.

Mögliche Satzanfänge: Dann; Danach; Plötzlich; Endlich; Später; Anschließend; Zum Schluss; Jetzt; Zuerst …

AB Meine Vamperlgeschichte

1. Erfinde eine Vamperlgeschichte, die zum Bild passt.
   Überlege dir eine interessante Einleitung, einen spannenden Hauptteil und einen schönen Schluss.

2. Finde eine passende Überschrift.

<u>Mögliche Satzanfänge:</u> Dann; Danach; Plötzlich; Endlich; Später; Anschließend; Zum Schluss; Jetzt; Zuerst …

AB Meine Vamperlgeschichte

Was ist passiert?
Schreibe Sätze zu dem Bild.

Ines Bischoff/Manuela Frank: Wochenpläne – Klasse 3

AB Meine Vamperlgeschichte

1. Lies die Wörter im Kasten und entscheide dich für eine Reihe (1., 2., 3. oder 4.).
2. Erfinde eine Vamperlgeschichte, die zu den Wörtern passt.
   Überlege dir eine interessante Einleitung, einen spannenden Hauptteil und einen schönen Schluss.
3. Finde eine passende Überschrift.

1. Nachbarin	Gift	Galle
2. Dieb	Fledermaus	Retter
3. Frau Lizzi	Wut	Hilfe
4. Gefahr	Stich	Freunde

Tipp: Besonders spannend wird deine Geschichte, wenn du die wörtliche Rede verwendest.

AB Meine Vamperlgeschichte

1. Lies die Wörter im Kasten und entscheide dich für drei Wörter.
2. Erfinde eine Vamperlgeschichte, die zu den Wörtern passt.
   Überlege dir eine interessante Einleitung, einen spannenden Hauptteil und einen schönen Schluss.
3. Finde eine passende Überschrift.

Galle Gift Postbote
Freunde Gefahr Stich
Fledermaus Wohnung Mülltonne
Besen Milch Streit

Tipp: Besonders spannend wird deine Geschichte, wenn du die wörtliche Rede verwendest.

AB

Meine Vamperlgeschichte

1. Lies die Wörter im Kasten.

2. Schreibe Sätze zu den Wörtern.

Fledermaus	Dieb
Gift	Helfer
Galle	

AB Vamperlgedicht

Schreibe dein eigenes Vamperlgedicht. Es soll sich reimen!

Wie?

1. Ergänze passende Reimwörter und eine Überschrift.
2. Kontrolliere mit dem Wörterbuch, ob du alle Wörter richtig geschrieben hast.
3. Schreibe den Text in Schönschrift auf ein leeres Blatt.
   Gestalte es passend zu deinem Gedicht.

____

Das Vamperl flog einsam durch den Wald.

Es fürchtete sich und ihm war ______________.

Es hatte seine Frau Lizzi verloren

und spitzte ängstlich die großen ______________.

Da sah es plötzlich eine Maus.

Die führte das Vamperl zu einem ______________.

Dort hat es die Freundin wiedergefunden

und verbrachte mit ihr noch fröhliche ______________.

____

____

Ergänze weitere Reimverse.

AB Vamperlgedicht

Schreibe dein eigenes Avenidas.

Wie?

Form:	Beispiel:
1. Zeile: Nomen 1 2. Zeile: Nomen 1 und Nomen 2 3. Zeile: Nomen 2 4. Zeile: Nomen 2 und Nomen 3 5. Zeile: Nomen 1 6. Zeile: Nomen 1 und Nomen 3 7. Zeile: Nomen 1 und Nomen 2 und Nomen 3 und 8. Zeile: Nomen 4	 Fledermaus Fledermaus und Höhle Höhle Höhle und Dunkelheit Fledermaus Fledermaus und Dunkelheit Fledermaus und Höhle und Dunkelheit und Kälte

1. Suche vier Nomen (Namenwörter), die zur Geschichte des Vamperls oder zu den Fledermäusen passen.

   ____

   ____

2. Schreibe dein Avenidas. Beachte dabei den Bauplan!

   ____

   __________ und __________

   ____

   __________ und __________

   ____

   __________ und __________

   __________ und __________ und __________ und

   ____

3. Kontrolliere mit dem Wörterbuch, ob du alle Wörter richtig geschrieben hast.

4. Schreibe den Text in Schönschrift auf ein leeres Blatt. Gestalte es passend zu deinem Gedicht.

AB Das Subjekt

Das **Subjekt** sagt uns, wer oder was etwas tut.
Nach dem Subjekt fragt man mit **wer** oder **was**.

1. Unterstreiche jeweils das Subjekt.

Frau Lizzi bekommt Besuch.
Ein Spinnennetz befindet sich in der Ecke der Küchendecke.
Frau Lizzi und Frau Maringer streiten sich.
Milch ist Vamperls Lieblingsgetränk.
Frau Müller schimpft mit Hannes.

2. Erfrage in den Sätzen jeweils das Subjekt.

Beispiel: Das Vamperl saugt Galle.
Frage: Wer saugt Galle?
Antwort: Das Vamperl saugt Galle.

Dieter wird von den anderen Kindern geärgert.

____

____

Der Dieb kauft für Frau Lizzi ein.

____

____

Professor Obermeier will das Vamperl entführen.

____

____

Das Vamperl sticht böse Menschen.

____

____

Frau Lizzi möchte Freunde für das Vamperl suchen.

____

____

☑ Vergleiche mit dem Lösungsblatt.

AB Das Subjekt

Das **Subjekt** sagt uns, wer oder was etwas tut.
Nach dem Subjekt fragt man mit **wer** oder **was**.

1. Unterstreiche jeweils das Subjekt.

Frau Lizzi bekommt Besuch.
Ein Spinnennetz befindet sich in der Ecke der Küchendecke.
Frau Lizzi und Frau Maringer streiten sich.
Milch ist Vamperls Lieblingsgetränk.

2. Erfrage in den Sätzen jeweils das Subjekt.

Beispiel: Das Vamperl saugt Galle.
Frage: Wer saugt Galle?
Antwort: Das Vamperl saugt Galle.

Frau Müller schimpft mit Hannes.

____

____

Der Dieb kauft für Frau Lizzi ein.

____

____

Das Vamperl sticht böse Menschen.

____

____

Frau Lizzi möchte Freunde für das Vamperl suchen.

____

____

Vergleiche mit dem Lösungsblatt.

AB Das Subjekt

Das **Subjekt** sagt uns, wer oder was etwas tut.

Unterstreiche das Subjekt.

Das Vamperl ist eine Fledermaus.

Milch ist sein Lieblingsgetränk.

Frau Lizzi mag das Vamperl.

Die Fledermaus sticht böse Menschen.

Der Dieb wird lieb.

Vergleiche mit dem Lösungsblatt.

Ines Bischoff/Manuela Frank: Wochenpläne – Klasse 3

AB Das Prädikat

Das Prädikat sagt uns, was getan wird oder geschieht.

Ergänze jeweils das Prädikat in der richtigen Form.
Die Wörter im Kasten helfen dir.

Frau Lizzi ______________ das Vamperl im Spinnennetz.

Das Vamperl ______________ noch ganz klein.

Sie ______________ es mit Milch.

Frau Maringer ______________ Frau Lizzi ______.

Hannes ______________ dreckige Hosen.

Die Jungs ______________ Fußball.

Das Vamperl ______________ böse Menschen.

Frau Lizzi ______________ schlecht.

anschreien, füttern, sein, spielen, stechen, träumen, entdecken, haben

Vergleiche mit dem Lösungsblatt.

AB Das Prädikat

Das **Prädikat** sagt uns, was getan wird oder geschieht.

Ergänze jeweils das Prädikat.

Die Wörter im Kasten helfen dir.

Frau Lizzi ____________________ das Vamperl im Spinnennetz.

Das Vamperl ____________________ noch ganz klein.

Sie ____________________ es mit Milch.

Frau Maringer ____________________ Frau Lizzi ______ .

Hannes ____________________ dreckige Hosen.

Die Jungs ____________________ Fußball.

Das Vamperl ____________________ böse Menschen.

Frau Lizzi ____________________ schlecht.

schreit an, füttert, ist, spielen, sticht, träumt, entdeckt, hat

Vergleiche mit dem Lösungsblatt.

AB Das Prädikat

Das **Prädikat** sagt uns, was passiert.

Verbinde die Sätze jeweils mit dem passenden Prädikat.

Das Vamperl ________ eine Fledermaus.	kümmert
Es ________ gerne Milch.	ist
Frau Lizzi ________ sich um das Vamperl.	bekommt
Es ________ böse Menschen.	trinkt
Hannes ________ Ärger.	sticht

Vergleiche mit dem Lösungsblatt.

AB

Den Satzgliedern auf der Spur

Ein Satz besteht aus mehreren **Satzgliedern**.
Satzglieder kann man **umstellen**.

Beispiel:	Das Vamperl	I sticht	I böse Menschen.
	Böse Menschen	I sticht	I das Vamperl.
	Sticht	I das Vamperl	I böse Menschen?

1. Trenne die Satzglieder durch Striche voneinander.
2. Stelle die Satzglieder um.
3. Schreibe die umgestellten Sätze auf.
4. Unterstreiche die Subjekte und Prädikate unterschiedlich.

Frau Lizzi trinkt morgens Kaffee.

Der Professor untersucht das Vamperl im Krankenhaus.

Vergleiche mit dem Lösungsblatt.

AB Den Satzgliedern auf der Spur

Ein Satz besteht aus mehreren **Satzgliedern**.
Satzglieder kann man **umstellen**.

Beispiel:	Das Vamperl	I sticht	I böse Menschen.
	Böse Menschen	I sticht	I das Vamperl.
	Sticht	I das Vamperl	I böse Menschen?

1. Trenne die Satzglieder durch Striche voneinander.
2. Stelle die Satzglieder um.
3. Schreibe die umgestellten Sätze auf.

Das Vamperl trinkt Milch.

Der Professor untersucht das Vamperl.

Vergleiche mit dem Lösungsblatt.

AB Den Satzgliedern auf der Spur

Ein Satz hat mehrere **Satzglieder**.
Satzglieder kann man **umstellen**.

Beispiel:	Das Vamperl	trinkt	Milch.
	Milch	trinkt	das Vamperl.
	Trinkt	das Vamperl	Milch?

1. Schneide die Satzglieder aus.

2. Lege unterschiedliche Sätze.

3. Schreibe 3 Sätze auf.

Frau Lizzi	liebt	Tiere

Vergleiche mit dem Lösungsblatt.

Ines Bischoff/Manuela Frank: Wochenpläne – Klasse 3

Stöpselkarte: Subjekt oder Prädikat?

1. Markiere die Antwort mithilfe deines Stöpsels.
2. Drehe die Karte erst um, wenn du alle Fragen beantwortet hast.

	Subjekt	Prädikat
Frau Lizzi freut sich über ihren Gast.	○	○
Das Vamperl ist eine kleine Fledermaus.	○	○
Frau Maringers Hund knurrt das Vamperl an.	○	○
Nachts schläft das Vamperl in einem Wattebett.	○	○
Wütend saugt es das Gift aus der Galle.	○	○
Hannes bekommt zu Hause Ärger.	○	○
Gierig entführt der Professor das Vamperl.	○	○
Die kleine Fledermaus ist traurig.	○	○
Sie kämpft gegen ihre Angst an.	○	○
Frau Lizzi rettet schließlich das Vamperl.	○	○
Gut gelaunt kuschelt sich das Vamperl an Frau Lizzi.	○	○
Alle sind wieder glücklich.	○	○
Das Vamperl bekommt neue Freunde.	○	○

Hinweise zur Vorbereitung und Nutzung des Materials: siehe Seite 11.

Arbeitsanweisung auf CD

Stöpselkarte: Subjekt oder Prädikat?

1. Markiere die Antwort mithilfe deines Stöpsels.
2. Drehe die Karte erst um, wenn du alle Fragen beantwortet hast.

	Subjekt	Prädikat
Das Vamperl mag Frau Lizzi.	○	○
Es liebt warme Milch.	○	○
Die Fledermaus ist noch klein.	○	○
Der Hund knurrt das Vamperl an.	○	○
Frau Lizzi versteckt das Vamperl.	○	○
Es saugt dem Dieb das Gift aus der Galle.	○	○
Der Dieb wird ganz freundlich.	○	○
Er hilft Frau Lizzi.	○	○
Alle sind zufrieden.	○	○
Lachend erzählt Frau Lizzi ihre Erlebnisse.	○	○

Stöpselkarte: Subjekt oder Prädikat?

1. Stecke alle Stöpsel an die richtige Stelle.
2. Drehe die Karte um und kontrolliere.

	Subjekt **Wer** tut etwas?	Prädikat **Was** passiert?
Frau Lizzi findet das Vamperl.	○	○
Es mag Milch.	○	○
Die Fledermaus ist klein.	○	○
Der Hund knurrt.	○	○
Das Vamperl zittert.	○	○
Die Nachbarin schimpft.	○	○
Hannes ist schmutzig.	○	○
Der Dieb hilft Frau Lizzi.	○	○
Frau Lizzi freut sich.	○	○

Grafikverzeichnis

Nachgezeichnete Vamperl-Illustrationen mit freundlicher Genehmigung des Deutschen Taschenbuch Verlages (Seite 110/111/117/126/127/128):
Renate Welsh: Das große Buch vom Vamperl.
Mit Zeichnungen von Heribert Schulmeyer.
© 1981, 1992, 1998, 2010 Deutscher Taschenbuch Verlag, München.

Anke Fröhlich: (*Piktogramme* (außer CD); Seite 17/29: *Fossil Fußabdruck*; Seite 21/31/33/CD Materialvorlage Erzählkarten/CD Materialvorlage Lesefächer: *Ankylosaurus*; Seite 21/32/34/CD Zusatzaufgaben Mein Dinobild/CD Materialvorlage Lesefächer: *Pterodaktylus*; Seite 19/21/31/33/CD Materialvorlage Erzählkarten: *Velociraptor*; Seite 29: *Euoplocephalus*; Seite 31/33: *Brontosaurus*; Seite 35/36/37: *Umriss Dinosaurier*; Seite 41/42/43: *Streichholschachtel-Bilder*; Seite 44: *Schmuckblatt-Rahmen*; Seite 85/CD Materialvorlage Geschichtenkreisel: *Dieb*; Seite 104/133/129/130/131/CD Zusatzaufgabe Mein Vamperlbild: *Fledermaus im Flug*; Seite 104/119: Fledermaus jagt Mücke; Seite 106/119: Fledermauskopf; Seite 106: *Fledermäuse hängen auf dem Kopf*; Seite108/119: *Fledermaus und Junges*; Seite 108/119: *Fledermausflügel*; Seite 110: *Vamperlbild mit Frau Lizzi*; Seite 111: *Vamperlbild mit Bett*; Seite 113/114/117/CD Zusatzaufgaben Vamperlrätsel: *Vamperl und Vamperlina*; Seite 117/143/144/145/CD Materialvorlage Stöpselkarte: *Hund*; Seite 117: *Frau Lizzi*; Seite 117/118/119/CD Materialvorlage Laufdiktat/CD Materialvorlage Lesespiel: *Das Vamperl*; Seite 117: *Regina Welsch*; Seite 119: *Fledermäuse und Kirchturm*; Seite 119: *Insekten*; Seite 119: *Fledermaus und Hummel*; Seite 119: *Fledermäuse und Höhle*; Seite 119: *Fledermaus hängt auf dem Kopf*; Seite 119: *Fledermaus und Eule*; Seite 119: *Fledermaus vor Mond*; Seite 121/122: *Fledermaus-Umriss Abschreibkarten*; Seite 126: *Bild Vamperlgeschichte mit Hund*; Seite 127: *Bild Vamperlgeschichte mit streitenden Männern*; Seite 129: *Bild Vamperlgeschichte mit gebrochenem Flügel*; CD Materialvorlage Fledermausnotiztafel/CD Arbeitsanweisungen: *Fledermausumriss*; CD Zusatzaufgaben Mein Detektivbild: *Turnhalle*; CD Materialvorlage Angelspiel: *Fische*; CD Materialvorlage Angelspiel: *Schuhe*; CD Materialvorlage Suchspiel: *Dinosaurier-Rahmen*; CD Materialvorlage/CD Arbeitsanweisungen Schiebediktat: *Vorlage mit Stift*; CD Arbeitsanweisungen Geschichtenwürfel: *Würfel*; CD Arbeitsanweisungen Domino: *ABC*)

Andere:

Claudia Bauer (Seite 53: Kreuz; Seite 115/116/117/CD Materialvorlage Klammerkarte/CD Arbeitsanweisungen Klammerkarten: *Klammer*; CD Materialvorlage Geschichtenkreisel: *Tresor*)

Susanne Bochem (Seite 29: *Vogel*)

Wibke Brandes (Seite 47: *Sonne*)

Mele Brink (*Piktogramm CD*)

Marion El-Khalafawi (Seite 47: *Stern*; Seite 70/71/72/93/123/124/125/CD Materialvorlage Geschichtenkreisel: *Lupe*; CD Materialvorlage Schiebediktat: *Erde*)

Julia Flasche (Seite 50: *Wellen*; Seite 79/80: *Würfel*; Seite 92: *Junge mit Lupe*; CD Zusatzaufgaben Meine Vamperlgeschichte: *Café*; Seite 132: *Maus*)

Fides Friedeberg: (CD Arbeitsanweisungen Angelspiel: *Angel im Teich*)

Barbara Gerth (Seite 48: *Blatt*; Seite 93: *Polizist*; Seite 117: *Krankenwagen*; CD Materialvorlage Geschichtenkreisel: *Ring*)

Robert Gunkel/ Christa Claessen (CD Arbeitsanweisungen Geschichtenkreisel: *Kreisel, Dose*)

Grafikverzeichnis

Alexandra Hanneforth (Seite 93: *Ausweis*)

Ingrid Hecht (Seite 90/93/CD Materialvorlage Geschichtenkreisel/CD Arbeitsanweisungen: *Fußspur*)

Theresia Koppers (Seite 93: *Fußabdruck*)

Joachim Kühn (Seite 47/53: *Dreieck*; Seite 47/53: *Kreis*; Seite 47/53: *Viereck*)

Roman Lechner: (Seite 117: *Professor*)

Elisabeth Lottermoser (Seite 68/93: *Fingerabdruck*)

Stefan Lucas (CD Materialvorlage Blitzdiktat/CD Arbeitsanweisungen: *Blitz*)

Jan Nilsson: Seite 17/CD Materialvorlage Schiebediktat: *Fossil*

Manuela Ostadal (Seite 68: *Mädchen mit Lupe*)

Gudrun Schecker (Seite 93: *Notizblock*)

Jennifer Spry (Seite 117: *Kaffee*; CD Arbeitsanweisungen Erzählkarten/CD Arbeitsanweisungen Wörtermemo: *Karten*)

Oliver Wetterauer (Seite 15: *Knochen*; Seite 15/21/23/24/28/29/31/33/39/CD Materialvorlage Erzählkarten/CD Materialvorlage Lesefächer/CD Materialvorlage Schiebediktat: *Tyrannosaurus Rex*; Seite 19/21/29/31/33/51/CD Materialvorlage Erzählkarten: *Triceratops* ; Seite 21/29/32/34/CD Materialvorlage Erzählkarten/CD Materialvorlage Lesefächer/CD Materialvorlage Schiebediktat: *Brachiosaurus*; Seite 21/29/32/34/CD Materialvorlage Erzählkarten/CD Materialvorlage Lesefächer: *Stegosaurus*; Seite 21/29: *Deinonychus*; Seite 29: *Krokodil*; Seite 29/46: *Pteranodon*; Seite 29/32/34/CD Zusatzaufgaben Dinosuchsel/CD Materialvorlage Lesefächer: *Elasmosaurus*; Seite 29/32/34/CD Materialvorlage Erzählkarten/CD Materialvorlage Lesefächer: *Ichthyosaurus*; CD Materialvorlage Schiebediktat: *Iguanodon*; Seite 81/82: *Blatt falten*)

Georg Wieborg (Seite 45/CD Materialvorlage Schiebediktat: *Vulkan*; Seite 83/84/93/CD Materialvorlage Geschichtenkreisel: *Detektiv*; Seite 134/135/CD Zusatzaufgaben Meine Vamperlgeschichte: *Spinnennetz*)

Melanie Woicke (Seite 25/26/27/47/58/59/60/CD Materialvorlage Domino: *Dino*)